中共北京市委党校（北京行政学院）
————— 学术文库系列丛书 —————

政策执行

POLICY IMPLEMENTATION

陈志光　刘　征　李　兵／著

社会科学文献出版社
SOCIAL SCIENCES ACADEMIC PRESS (CHINA)

前　言

　　政策执行是政策理论中公认的"黑匣子"，是"缺失的环节"，政策执行的成败也是"薛定谔的猫"，生死叠加、神秘莫测。政策执行是为了达到特定的社会、经济或政治目标，从政策制定到政策落地的关键环节。一个合理、高效的执行程序能够确保政策意图得以准确、及时的实现，从而达到政策制定的初衷和目标。研究政策执行不仅关乎政策本身的成败，也是提升政府治理能力、促进社会发展的关键所在。本书回顾了公共政策执行的文献，并将其与政策治理的当代发展联系起来，强调了关注政策执行过程持续的重要性，助力形成具有中国特色、中国风格的社会主义政策执行体系，使用系统观念的政策方法，表达胸怀天下的政策情感。这些马克思主义中国化时代化的政策范式，既为中国的政策实践提供了理论支持，也为世界人民的政策理论贡献了中国智慧。

　　1973 年，政策执行正式成为政治家和政策学关注的焦点，到 2023 年已正好是 50 年的时间。在这半个世纪里，政策执行的研究已经从第一代到了第四代，执行理论从严重缺乏到不断完善。

执行需要适当的"因果理论",好的政策应该具有理论有效性,并且必须建立在适当的因果基础上。如果没有适当的理论有效性,一项政策就会在各个方面给出错误的执行措施。执行的理论研究认为,关键决策者必须将拟议的政策视为合法;政策必须有明确、具体、可衡量、可实现、合理和有时限的目的和目标。执行理论必须被视为一个持续的过程,随着执行的展开而灵活调整。通过理论指导,不断进行相互学习和实践检验,确保政策执行灵活适应当地条件和新出现的限制。

在未来的发展中,政策执行将作为公共政策领域的一门学科站稳脚跟,它提醒学者们要努力提出实质性理论,从而有助于我们重新审视政策执行中的一些重大问题并提出解决措施。影响政策执行的因素有很多。半个世纪以来,政策制定者和学者一直在努力应对政策执行的挑战。这些挑战源于公共政策中蕴含的雄心勃勃的愿望、政府间关系和服务网络的分散治理,以及公共领域需要解决的其他棘手问题中。在公共管理和公共政策的交叉点上,执行往往涉及改变系统运作和改变目标群体的复杂目标,两者都是艰巨的任务。正如先前的学者所认识到的,政策执行是通过一个复杂的社会和政治互动系统来运作的。

目　录

导　论

政策和策略是党的生命，各级领导同志务必充分注意，万万不可粗心大意。

——毛泽东

一　研究背景

本书回顾了公共政策执行的文献，并将其与政策治理的当代发展联系起来，强调了关注执行过程的持续重要性。人们普遍认为政策的执行研究在 20 世纪 70 年代兴起。1973 年，Pressman 和 Wildavsky（1973）的案例研究《执行：华盛顿的远大期望如何在奥克兰破灭》出版。他们作为第一代开创者，揭开了政策执行研究的帷幕。他们着重指出，执行主导着公共政策的结果——即使是计划最好、支持最多、最有希望的公共政策，成功与否也只能取决于整个政策体系的执行情况。Hargrove（1975）指出执行是政策过程研究中的"缺失环节"。显然，"执行"是一个核心问题，尽管这个词很少被使用。Pressman 和 Wildavsky（1973）声称他们几乎找不到之前关于政策执行过程的文献，但并不包含 Blau 的《官僚组织动力学》（Blau，1955）、Kaufman 的《护林员：行政行为研究》（Kaufman，1960），尤其是 Selznick 的《田纳西河流域管理局及其基层组织》（Selznick，1949）。Van Meter 和 Van Horn（1975）在现代执行文献的另一项开创性贡献中同样批评了 Pressman 和 Wildavsky（1973）的疏忽："虽然我们一样担心政策执行问题受到的关注太少，但他们对文献的批评是不必要的严厉和短视。我们的论点很简单：社会科学有着丰富的遗产，而这些遗产常常被那些声称讨论政策执行过程的人所忽视。这些文献包括多个学科的理论和实证工作，如社会学、公共管理、经济学和政治学。虽然这些研究大多数没有具体考察政策执行过程，但仔细观察就会发现，只需很少的想象力就可以理解其相关性。"

关于执行现象的理解，曾经有过一段非常激烈的学术争论。如果到 2023 年执行研究提出 50 年之际，有人询问执行研究是否为"昨天的问题"，这个问题的答案是"否"（Hill & Hupe，2002）。因此，执行研究将继续为未来的执行过程和执行结果的管理提出策略。许多学者从不同角度对"政策执行"一词进行了界定。执行是政策制定过程的重要阶段。政策执行是指将政策与计划行动联系起来的机制、资源和关系。更具体地说，它意味着实施、完成、实现、产生或完成给定的任务。它意味着政策的实施，其中各种利益相关者、组织、程序和技术共同努力使政策施行，以实现政策目标（Stewart et al.，2008）。执行可以被视为一个过程、一个产出和一个结果，它涉及许多参与者、组织和控制技术。这是设定目标和实现目标的行动之间相互作用的过程（Pressman & Wildavsky，1973）。Simon（2010）将执行视为政府行政机构为了实现目标而应用政策。具体而言，政策执行包括公共部门和私人为实现先前政策决定中规定的目标而采取的行动（Van Meter & Van Horn，1975）。最常被引用的执行定义的构成要素是政策意图和结果之间存在的差距（Mazmanian & Sabatier，1989；Smith & Larimer，2009）。因此，执行研究强调通过阐述影响公共政策的因素来了解公共政策的成功或失败。这种执行概念有助于引起政策制定者和执行者的注意，以研究影响和确定公共政策结果的过程。

许多学者都以某种方式提到 Barrett 和 Fudge（1981）所说的"政策-行动连续体"。Dunsire（1978a）将政策执行视为实用化。John（1998）将执行称为"决策的后立法阶段"。政策执行过程中涉及将政策意图转化为行动的阶段。将执行研究的核心问题确定为"政策的制定与其对行动世界的影响之间会发生什么"，并将政策执行定义为"政府明确采取某行为或停止某行为的意图与对行动世界产生最终影响之间所发生的事情"。换言之，政策执行是指政府意图的表达与实际结果之间的联系（Hill & Hupe，2002）。

对政策执行的关键研究可以得到什么启示？本书提出了对政策执行和政策失败原因的综合研究。它解释了为什么公共政策最初制定的目标与执行后的最终产出之间经常出现重大差异。这对于理解政策失败的原因以及改进政策制定过程极其重要（Signé，2017）。那么，什么是公共政策的执行？为什么政策执行会失败？政策执行的决定因素是什么？如何改进政策执行的过程？本书回顾了 50 年来公共政策执行研究的文献，通过内容分析，批判性地探讨了与政策执行相关的理论问题，并提出执行失败是由于缺乏理论复杂性的视角。政策执行应被视为一个将政策目标转化为实际行动的复杂系统。复杂执行视角的好处在于，它们使政策分析师能够超越政治与行政之间的区别，使政策执行能够更好地取得效果和绩效。因此，在未来的研究中，政策执行将成为一门内容丰富、成果显著的学科。

二　研究问题

公共政策是一套行动指南，它意味着有一个更广泛的框架来统筹哲学、原则、愿景、决定和任务，并将其转化为各种计划、项目和行动（Khan，2016）。政策需要对未来目标和行动进行广泛的陈述，来表达实现这些目标的方式方法，它是涵盖各种活动的政府干预框架。Anderson（2010）将公共政策定义为一个或一组参与者在处理问题或关注事项时采取的有目的的行动方针。另外，Stewart 等（2008）将公共政策定义为旨在解决某些社会问题的一系列政府活动或决策模式。从这些公共政策的概念就可以看出，政策必须得到执行，一项公共政策的成功取决于其执行情况。如果执行不成功或不准确，即使是最好的政策设计也毫无价值。对执行最有影响力的定义之一是由 Mazmanian 和 Sabatier（1983）做出的：其是指执行基本政策决定，通常纳入法规，但也可以采取重要行政命令或法院判决的形式。理想情况下，该决策确定了要解决的问题，规定了要追求的目标，并以各种方式"构建"执行过程。该过程通常会经历多个阶段，从基本法规的通过开始，然后是执行机构的政策输出（决定）、目标群体对这些决定的遵守情况、这些决定的实际影响（有意和无意）、执行过程的社会评价，以及最后对基本政策的重要修订（或尝试修订）。

因此，利益相关者之间的行为动机、信息流动以及权力和资源的平衡会影响政策执行过程（Bressers，2004）。此外，Bjorkman（1994）认为执行是一个复杂的、互动和持续的决策过程，这是政策过程中最关键的部分，因为政策结果取决于执行的成功程度。Brinkerhoff 和 Crosby（2002）同意 Bjorkman 的观点，即政策执行过程至少与政策技术一样具有政治性。它是复杂的、高度互动的，需要建立共识与互构。因此，可以指出的是，政策执行并不总是自动发生，它可能成功，也可能不成功。虽然政策将一系列目标和行动编入法典，但政策执行的方式不是线性的，可能会由于各种原因随时间推移而变化，只能部分由政策制定者控制。政策在整个执行过程中经常被重新定义和解释，因为它们面临实地执行的现实与困难。领导力、利益相关者参与、背景、资源和运营问题影响各级决策和行动，是"政策-行动连续体"的关键要素。有些成果可能需要很长时间才能实现，因此有必要不断评估进展情况，以确定已实现或未实现的目标以及原因。因此，选择政策执行的一个实用方法是考虑所开展活动的程度和形式以及执行过程中出现的问题的性质（Love，2003；Love，2004）。本书主要关注以下两个问题。

（一）理论发展

恩格斯说："一个民族要想站在科学的最高峰，就一刻也不能没有理论思维。"几十年来，政策执行的理论发展不断向前，尤其是在网络和治理成为学者关注的焦点之后。第一代研究主要是基于现象和案例的研究，随后的研究则侧重于发展理论和体系。因此，出现了两个相互竞争的框架：自上而下，认为执行行为是中央控制的，很少或没有行政自由裁量权；自下而上，认为模棱两可的政策需要解释，导致街头官僚使用行政自由裁量权。随后，第三代研究发展了元理论，采用大 N 研究，并试图调和这两种观点（Matland，1995；DeLeon & DeLeon，2002；Hill & Hupe，2014）。目前，执行理论在很大程度上已被治理框架所取代，治理框架包含了不同于等级或市场安排的组织间联系，包括公共机构和非政府组织（Hill & Hupe，2014；O'Toole，2000，2015）。虽然理论在几个重要方面有所不同，但一个共同的趋势是假设模糊性会导致行政自由裁量权，这影响了集体行动的执行方式。更具体地说，当策略含糊不清时，实现者可以用多种方式解释它们。虽然它可能对组织绩效产生负面影响，但模糊性可以成为减少执行过程中冲突的有效工具，就像它允许政策企业家在政策制定中形成共识一样（Chun & Rainey，2005a，2005b；Pandey & Rainey，2006；Pandey & Wright，2006）。此外，结合自上而下和自下而上的观点，Matland（1995）认为，歧义和冲突的程度决定了不同的策略，包括集中决策和自下而上的自由裁量权。同样，其他学者认为，当面临高度的模糊性时，组织会调整其机制以维持现状并满足政治联盟（Donaldson，2001；Stazyk & Goerdel，2011）。

　　政策制定往往以对要使用的政策的决定（即政策采用）而结束，在此之前是一系列较小的决定（即议程设置）。然而，策略实现从决定要实现什么策略开始，然后由实现者在解释所述策略时做出一系列较小的决策。因此，决策的执行与政策的制定是根本不同的。同时，关于行政自由裁量权的使用方式，谁使用它，以及如何在使用它时建立问责制，也存在相当激烈的辩论。尽管学者们可能在具体细节上存在分歧，但他们认识到，执行者拥有决策权，多元利益集团寻求影响决策权，以使政策执行与他们的目标保持一致。因此，模糊性模式和行政自由裁量权在很大程度上影响了采取何种类型的集体行动。在许多方面，政策执行是集体行动的具体实例，因为它需要众多参与者的集体选择和共同责任（Hill & Hupe，2014）。第二代执行理论框架在很大程度上认为，执行发生在一个由个体组成的组织内，这些个体对组织的激励、规则和文化做出反应。然而，第三代执行理论框架是混合的，其中一些关注单个组织内的集体行动，另一些关注涉及多个组织的集体行动。然而，几十年来，这些研究路线演变为治理框架，试图理解复杂系统的多层次、相互依存的集体行动。此外，治理还涉及整个政策过程，并假设政策制定和执行是交织在一起的。值得注意的是，这与理解非政府组织如何通过合同、伙伴关系和倡导联盟直接或间接参与公共服务提供的重点相一致（Feiock，2013；Feiock & Scholtz，2009）。执行研究已经可以被视为一个分支学科，特别是在政治学和公共管理学科内发展起来。在过去的五十年中，该领域蓬勃发展，但人们对理论一致性低和所进行的研究缺乏累积效应表示失望（O'Toole，1986）。一些学者不屑一顾："虽然执行的概念作为理解政策的失败和成功的概念工具仍然有用，但将执行分析作为一个单独的研究领域的项目基本上失败了。"（John，1998）我们审视了该领域的发展，探讨了这种负面判断——这种判断我们可以理解，但并不坚持——的原因。我们之所以对该领域的现状和未来更加乐观，也许与最近出现的"治理"现象和概念有关（Hill & Hupe，2002）。

（二）体系构建

政策执行并非一个连贯、连续的过程；相反，它经常是支离破碎和中断的（Walt & Gilson，1994）。因此，执行问题不再主要是一个管理问题，不再局限于管理者和下属之间的关系，或者单个机构内的流程。公共政策的执行延伸到政府各个领域以及从立法到行政再到行政单位的政府代理机构（McLaughlin，1987）。执行涉及关键参与者的持续决策过程，这些参与者在复杂的法律和制度背景下工作，并面临来自利益相关方和反对方的压力（Nakamura & Smallwood，1980；Gridle & Thomas，1991）。执行问题的核心是行政自由裁量权，它如何塑造执行者的行为，以及如何影响公共服务的提供（DeLeon & DeLeon，2002；Hill & Hupe，2014）。政策制定者利用政策结果来确定政策制定过程中最初采用的方案是否实现了目标。由于政策制定往往是由社会经济或环境条件（即焦点事件）的非增量变化引起的，因此政策制定的目标是创造被认为是可接受的现状，问题就将从政治议程中消失

（Baumgartner et al.，2018）。换句话说，策略过程的最终目标是维持现状，非增量更改不会强制创建新策略。因此，随着时间的推移，成功的执行会带来稳定的政策产出（以及延伸开来的政策结果），这些产出与政策制定过程中确立的社会期望目标保持一致。

本书重点介绍了影响政策成功执行的一些关键因素。本书并没有提供所有涉及的因素，但提高了人们对多种因素的认识。在某些情况下，可能很难衡量某些因素的重要程度。政策执行中一个几乎模棱两可的因素是承诺。是什么决定了诸如承诺之类的因素？这些因素之间的关系是什么？本书概述了政策执行过程的复杂性和动态性。如果要让执行在政策过程的核心占据应有的地位，如果执行研究要全心全意地为政策研究做出贡献，这种情况就需要得到纠正。本书开发的模型结合了现有政策过程框架的许多要素，并将它们与公共行政、管理和法律等领域的政策科学所采用的早期执行工作联系起来。它提供了一种政策过程模型，在该模型中，执行完全一体化，政策研究受益于执行研究和政策科学的执行研究的见解。未来的研究可能会承认政治学、公共管理学和组织科学学科对理解政策如何付诸实践的贡献。当然，存在这样的问题：每个学科倾向于以不同的方式解决潜在的类似问题。因此，在学习方面，政府倾向于认为，在官僚服从（公共行政角度）的情况下，从技术角度来看，政策创新是"可行的"。然而，众所周知，组织文化也会对个人和团体层面的学习产生影响（组织科学的角度）。另外，关于政治学习有一套既定的知识体系，特别是在"吸取教训"以及政策理念和执行解决方案的系统性创造方面（政治学视角）。

过程重点最终体现在政策和行动之间的连续体上，这意味着在执行阶段政策制定仍在继续。这种实证观察与从马克斯·韦伯和伍德罗·威尔逊的经典理论贡献中发展而来的官僚制理论的重点是相反的（Hill & Hupe，2002）。不同阶段之间以及扮演不同角色（如决策者和执行者）的官员之间存在互动的可能性，但长期以来被忽视了。事实上，在受这种观点影响的许多政治学中，执行的"黑匣子"并未被打开，这使得 Hargrove（1975）谈到了"缺失的环节"。我们需要一种将"阶段"模型提供的分析优势与对阶段之间相互作用的认识相结合的方法。虽然一些作者关注政策设计，另一些作者关注围绕政策设计和政策执行的互动，但思想和行动的这种结合特征至关重要。尽管如此，"智力思考"和"社会互动"之间的相互作用，特别是在政策的子过程中形成，并分别以制定和决策相结合的方式表达，可以在一定程度上解释必须执行的政策常常模糊的特征。因此，这种相互作用对于执行研究至关重要（Hill & Hupe，2002）。

政策执行的问题之一是缺乏正确的方向或指导方针。显然，这样的方向应该源自它所遵循的理论。遗憾的是，学者们有一个共识，即政策执行学科缺乏可行的、有效的、被普遍接受的宏大完善的理论。在政策执行中，或许并不存在像马克思、韦伯、涂尔干的经济社会理论或其他类似理论那样成熟的理论。之所以没有如此宏大的理论付诸政策执行的原因之一，是它作为一门学科仍处于起步阶段。多年来，在更广泛的公共管理领域，执行也被严重忽视，极大地限制了该学科的理论发展。为此，政策执行的研究者进行了一代又一代的探索，力争阐明围绕政策执行的理论问题，并与执行失败建立理论联系，以加深我们对这一学科的理解。

三　研究结构

纲举目张，执本末从。本书正文内容分为导论和七章，具体结构安排如下。

导论。为了高度概括地介绍本书基本的研究背景、研究问题和研究结构，特别设计了导论这一章。从研究背景来说，政策执行学的诞生与发展是工业化、城市化、现代化、信息化进程中的一种必然趋势，对经济发展、社会进步、文化繁荣都具有重要作用。将执行理论应用于实践的情况还很少见。原因包括理论挑战的难度、实践者的不同需求以及复杂的规范问题。尽管如此，有几种方法有助于提高执行行动的效率。首先，建立在理论共识基础上是一种策略。其次，系统地探讨理论争议点，勾画出实际意义。再次，发展应急视角，以确定哪些理论线索可能适合特定情况。最后，利用基于局部观点综合的新想法可能是最有用的方法。新的方法工具可以帮助选择有效的高性能实例进行系统检查和可能的模拟。现在可用的一些综合观点适合启发式应用。其中包括基于可逆逻辑的方法、博弈论概念和情境互动理论。理论（如果有的话）如何指导实践？当然，如果理论知识应该对任何主题产生实际影响，那么政策执行应该列入候选名单。该领域研究兴趣的发展源于人们对前几十年几轮政策创新的失望。如果政策意图和政策行动之间的联系存在问题，正如现在积累的证据毫无疑问地证明的那样，那么获取旨在解释甚至预测这一差距的系统知识难道不应该对行动界的人们有所帮助吗？（O'Toole，2004）。

第一章，政策执行的理论与体系。执行需要适当的"因果理论"。好的政策应该具有理论有效性，并且必须建立在适当的理论基础上。如果没有适当的理论有效性，一项政策就会在各个方面给出错误的执行措施。执行的理论研究认为，关键决策者必须将拟议的政策视为合法；政策必须有明确、具体、可衡量、可实现、合理和有时限（SMART 原则）的目的和目标。执行理论必须被视为一个持续的过程，随着执行的展开而灵活调整。通过持续合作，不断进行相互学习和实践检验，确保治理战略灵活适应当地条件和新出现的限制。良好的执行体系，如领导、人力、资金、资源、组织设计、技术等对于政策执行至关重要。其中，资源调动包括准备制订完整的计划、澄清绩效标准并执行适当的行动计划；适当的组织设计是政策成功执行的必要条件，授权、和谐的组织文化将增强组织执行特定政策的能力；经验丰富且饱经考验的领导是政策成功的关键；必须激励一线执行者做出承诺，并且接受必要的培训，以免发生违规行为。此外，执行不应孤立进行，内部和外部当局监督执行过程的机制将提高执行绩效，应注意克服联合行动的复杂性，采取适当措施防止冲突、矛盾甚至分裂。

第二章，政策一致性与政策执行。面临当今许多最紧迫的社会挑战，包括粮食安全、气候变化、非法移民、能源危机、公共卫生等，人们普遍认为，政府部门的"孤岛化""条块化""碎片化"在新公共管理时代有所加剧。政策一致性被广泛认为对于成功执行全球政策框架至关重要，许多人认为取向一致的宏观政策将帮助政府以透明和公平的方式在政策目标之间执行。综合政策的执行涉及政策组合，以及不同政策部门的机构正在部署的不同工具；这种政策组合的执行不仅涉及同时执行平行政策，还涉及这些政策之间的相互作用。如果两项政策具有共同范围或方向，以一致或统一的方式处理问题，则两项政策是一致的，或是有机会整合的。同时要适应或尊重彼此对所研究问题的社会、经济、环境、文化和其他特征的不同关切，即积极地构建取向一致和目标一致。因此，要增强宏观政策的取向一致性，围绕发展大局，加强财政、货币、就业、产业、区域、科技、环保等政策协调配合，把非经济性政策纳入宏观政策取向一致性评估，强化政策统筹，确保同向发力、形成合力。这包括组织、结构、权威、财富和人员等管理资源，以直接影响"政策提供的商品和服务的性质、类型、数量和分配"。各项政策的组织和管理机构之间应存在横向联系，如共同、一致、不冲突、合作和协调的结构和网络，以便妥善制定和执行共同问题的联合、合作和综合解决方案。

第三章，政策宣传与政策执行。政策的制定与执行必须保持"效果意识"——公共政策不仅要制定好，还要解释好、落实好。因此，与其事后花费巨大精力去解释，不如提前召开宣传会"主动出击"、说明沟通，进行释疑解惑和介绍说明，从被动变主动，这本身也是作风转变的体现。在研究公共政策时，政策制定者面临的最基本的问题是：公众想知道什么？政策目标是什么？采取了哪些措施？以及如何更好地理解所发生的事情？因此，根据"谁起草、谁解读"的原则，政策制定部门于政策发布初始阶段，依托政策媒体发布平台，组织举办"政策宣传会"，以新闻发布会的形式对政策措施进行深度解读和全面介绍，主要包括：政策制定背景、决策依据、出台目的、征求意见情况、重要举措等；涉及群众切身利益及重大公共利益的，要说明出台依据及合法性、合理性；对政策性文件中的关键词、专业术语及可能引发社会公众误解、疑问、质疑的内容，可邀请专家阐释解读；对原有政策进行修订的，要说明修订理由、新旧政策衔接和差异等情况；其他需要说明的重要事项。

第四章，政策执行程序。政策的执行是为了达到特定的社会、经济或政治目标。政策执行程序是政策从制定到落地的关键环节。一个合理、高效的执行程序能够确保政策意图得以准确、及时的实现，从而达到政策制定的目标。通过深入研究政策执行程序，可以发现并优化执行过程中的瓶颈和不必要的环节，从而提高执行效率。同时，明确的执行程序也有助于减少执行过程中的误解和偏差，提升政策执行的效果。公开、透明的政策执行程序有助于公众了解政策的具体执行过程，增强政策的公信力。通过对政策执行程序的研究和总结，可以为未来类似政策的制定和执行提供宝贵的经验借鉴。这有助于提升政府机构的政策制定和执行能力，更好地服务于公众利益。明确的执行程序为政策监督和效果评估提供了基准。通过对照执行程序，可以系统地评估政策执行的质量和进度，及时发现问题并进行纠正，确保政策方向正确，实现预期的社会效应。研究政策执行程序不仅关乎政策本身的成败，也是提升政府治理能力、促进社会发展的关键所在。

第五章，政策执行能力。政策执行能力是研究公共政策的基本概念之一。几十年来，一个始终如一的主题是政策执行能力有时是不足的。政策执行能力可能随时间、背景、事件和部门的不同而产生变化。它也可能是多部门的，涉及整个政府。高水平的政策执行能力与优越的政策产出和结果有关，而执行能力不足被视为政策失败和造成次优结果的主要原因。另一个主题是，在某些地方和时期，政策执行能力可能是不断下降的。提升政策执行能力是增强政府整体效能的关键。它能提高政府应对复杂社会问题的能力，增强政府的公信力和民众的信任。对能力差距的担忧引发了从业者和学者对政策能力的性质及其在当代的定义和构成的新兴趣。在全球化、数字化时代，政策环境日益复杂多变，研究政策执行能力可以帮助政府更好地应对新兴挑战，如技术变革、环境保护、社会治理等领域的政策执行问题。通过深入研究，可以识别政策执行过程中的障碍和瓶颈，提出改进措施，确保政策得到有效执行，从而更好地解决社会问题，实现政策预定的目标。

第六章，政策监管与政策执行。政策执行是将政策意图转化为实际行动，通过组织、协调、控制等手段将政策目标转化为具体的社会实践的过程。政策合法性检查是指在政策制定和执行之前及过程中，对政策内容、程序、依据等方面进行审查，以验证政策是否符合宪法、法律、法规以及社会道德标准。合法性检查的重要性在于，确保政策不违背宪法基本原则，维护国家法制统一。确认政策制定过程遵循法定程序，如公众咨询、专家论证、合法性审查等。检查政策是否侵犯公民基本权利，保障人权和自由。合法的政策执行更容易增强政策公信力，获得公众的认可和服从，提高执行效率，还可以预防法律风险，避免因违法而引发的法律诉讼或政策撤销，减少行政成本。在合法性检查过程中，可能会发现政策设计上的缺陷或不完善之处，这有助于在政策执行前对政策进行修订和优化，以提高其可行性和有效性。政策执行是政策理论公认的"黑匣子"，政策执行的成败也是"薛定谔的猫"，生死叠加、神秘莫测。究其原因，就是"街头官僚"往往在政策执行过程中频繁使用了"自由裁量权"。根本解决办法就是促进政策监管和政策执行同时进行、双链交织，加强对政策执行全方位、全周期、全过程的监督和管理，使政策监管真正长出"牙齿"，对政策执行进行严控、严查、严罚，保障政策执行向阳而生，确保执行活动符合政策设计的初衷和标准，防止偏离、失误或腐败。

第七章，总结、展望与余论。首先，政策执行是一个特别值得关注的问题，并且在某种程度上，在这个词被使用之前就已经有相关学术研究了。其次，人们认识到，政策执行过去是、现在是且将来仍然会是政策相关者所关心的核心问题，尽管他们本身并不谈论政策执行，而且实际上可能会从与这样做的公共行政专家截然不同的背景来处理它。最后，在不同的文化和制度环境中，政策执行不可避免地会采取不同的形式和措施。本书依据政策执行半个世纪以来的研究经验，在两个紧密相关的领域做出总结与探索。首先，我们提醒学者们要努力提出实质性理论，以使政策执行作为公共行政领域的一门学科站稳脚跟。其次，希望学者们重新审视政策执行中的一些重大问题并提出解决措施，构建综合指标体系以指导政策实践。党的二十大报告强调，要开辟马克思主义中国化时代化新境界。具体到中国的政策执行学，要助力形成具有中国特色、中国风格的社会主义政策执行体系，包括：坚持人民至上的政策目标，构建自信自立的政策框架，树立守正创新的政策原则，采取问题导向的政策行动，使用系统观念的政策方法，表达胸怀天下的政策情感。这些马克思主义中国化时代化的政策范式，既为中国的政策实践提供了理论支持，也为世界人民的政策理论贡献了中国智慧。

第一章 政策执行的理论与体系

> 一个民族要想站在科学的最高峰，就一刻也不能没有理论思维。
>
> ——〔德〕恩格斯

了解政策执行的本质很重要。国际经验表明，政策一旦被采用，并不总是按设想执行，也不一定能达到预期结果（Pressman & Wildavsky，1973；Calista，1994；Love，2004；Bhuyan et al.，2010）。为了更好地理解如何改善政策支持，首先要理解政策失败的本质。现在人们对"政策失败"的概念越来越感兴趣（Volker，2014），但正如 McConnell（2015）所指出的，"失败"存在于成功-失败光谱的一端，其特征是"完全没有达成预想的目标"，这种情况是极端的。正如他所观察到的："失败很少是明确和绝对的……即使是那些被认为是典型的失败的政策也获得了一定程度上的成功。"政策失败的一些解释是显而易见的，但另一些解释则很难以系统的方式确定。对执行的研究试图通过提供适用于各种情况的考虑框架来解决政策偏离其期望和预期结果的原因和方式（Mthethwa，2012）。

第一节　范式演进：政策执行的理论逐渐形成

政策执行的问题之一是缺乏正确的方向或指导方针。显然，这样的方向应该源自它所遵循的理论。遗憾的是，学者们有一种共识，即政策执行学科缺乏可行的、有效的、被普遍接受的宏大完善的理论。在政策执行中，或许并不存在像马克思、韦伯、涂尔干的经济社会理论或其他类似理论那样成熟的理论（Hill & Hupe，2014）。没有如此宏大的理论付诸政策执行的原因之一，是它作为一门学科仍处于起步阶段。多年来，在更广泛的公共管理领域，政策执行也被严重忽视，极大限制了该学科的理论发展。为此，政策执行的研究者进行了一代又一代的探索，力争阐明围绕政策执行的理论问题，并与执行失败建立理论联系，以加深我们对这一学科的理解（Khan，2016）。

一　第一代：政策链条中的一个齿轮

自 1973 年以来，第一代政策执行研究至少在两个方面取得了明显进展。首先，现在人们对执行的含义以及它如何随着时间、政策和政府的不同而变化有了更深入的理解；其次，它将政策设计和执行绩效联系起来（Stewart et al.，2008）。一项重要的第一代研究是由 Bardach（1977）进行的"执行博弈"（Pulzl & Treib，2007），他抓住了这一代人的普遍情绪：设计纸面上看起来不错的公共政策和计划已经够困难的了；以一种让所有人（包括所谓的受益人或对象）满意的方式进行政策执行，就更是极其困难。而且 Bardach（1977）一开始就指出"这不是一个乐观的事情"，最后建议"我们对政策执行的要求和期望必须更加谦虚"。

Berman（1978）曾撰文建议：承认执行是政策制定的关键要素的斗争已经胜利。第一代研究主要关注描述有效政策执行的众多障碍（Stewart et al.，2008）。然而，第一代研究因缺乏理论性、具体案例、非累积性和过于悲观而受到批评（Goggin et al.，1990），而且理论构建并不是第一代研究的核心（Pulzl & Treib，2007）。

二　第二代：政策执行很复杂

第一代学者被指责低估了执行过程的复杂性（Najam，1995）。第二代学者开始通过详细的实证研究来记录这种复杂性的程度。这一代学者细致地记录了具体的案例研究，并展示了政策执行的实际情况是多么复杂，以及为什么认为只要宣布了一项政策就执行它是愚蠢的。大量精心记录的案例研究指出了一个一致的模式："宏大的自负，错误的执行，微不足道的结果。"（Elmore，1978）

另外，第二代学者致力于发展分析框架，以指导对政策执行的复杂现象的研究。第二代研究更关注解释执行的成功或失败（Stewart et al.，2008），并为开发分析框架或模型以指导执行研究做出了贡献（Goggin et al.，1990）。第二代研究大致分为自上而下和自下而上两种政策执行方法（Pulzl & Treib，2007；Stewart et al.，2008）。Van Meter 和 Van Horn（1975）、Mazmanian 和 Sa-batier（1989）等在解释执行时阐述了自上而下的模型，而 Lipsky（1980）等主张自下而上框架的学者强调，几乎所有政策都是由基层官僚或一线执行者实际执行的（Pulzl & Treib，2007；Stewart et al.，2008；Weimer & Vining，2011）。综上所述，这一代执行研究的贡献绝不能被低估。尽管该领域仍然缺乏积累或融合，并且预测执行理论仍然难以捉摸，但这一代的学术成果极大地增强了我们对可能影响执行的重要变量群的理解（Najam，1995）。

三　第三代：寻找政策执行理论

尽管第二代学者投入了大量精力来凭经验记录为什么政策执行会"失败"，但这一代学者的目标是分析理解执行的总体"运作方式"。正是第二代研究认识到缺乏（和需要）因果理解、组织框架、概念模型、分析方法以及最终的解释性和预测性理论，才迎来了第三代研究关于执行的"理论构建"（Najam，1995）。第三代研究的目标只是在研究方法上比前两代更加科学。这代研究试图直接面对阻碍学科进步的概念和测量问题（Goggin et al.，1990），强调定义具体假设，找到适当的可操作方式，并产生实证观察来检验假设（Pulzl & Treib，2007）。在上述情况下，许多政策执行学者认为，该领域的未来研究必须转向理论发展（Stewart et al.，2008），因为理论成熟度的缺乏是影响政策绩效的关键因素，而有效的绩效需要适当的指导，假设方向应该来自合理的理论指导和支撑（Khan & Khandaker，2016）。理论发展关键取决于研究设计的质量和严谨性，这是第三代研究范式的本质。

考虑到第二代研究的主要发现"执行过程是如此复杂，很容易破坏最好的规划"，平心而论，第三代研究中对于"执行理论"的构建从一开始就是一项雄心勃勃的任务。但第三代研究也受制于以下短板：（1）真正的比较、纵向和综合研究太少；（2）变量太多而案例太少，缺乏代表性。因此，有些人甚至可能认为，针对政策执行这种复杂的政治和行政现象得出精确的预测理论和万无一失的处方本身就是徒劳的（Najam，1995）。

四 第四代：政策执行理论正在完善

政策执行涉及将政策的目的和目标转化为行动。尽管被视为政策周期的一个组成部分，但该领域一直到第三代仍未建立起被普遍认可的理论体系。为了被认为是一个好的理论，该理论必须具备适用于所有研究方法的独特性、简约性、保守性、普遍性、丰富性、内部一致性、经受风险性和抽象性等优点（Wacker，1998）。有人建议，一个好的公共政策理论应该表现出一些特征，如有效性、经济性、可检验性、组织/理解、启发性、因果解释、预测性、相关性/有用性、强大、可靠性、客观性和诚实性。让任何单一理论反映所有这些特征都会对其提出严峻的挑战，并且政策理论不太可能包含所有这些特征（McCool，1995）。具有讽刺意味的是，这正是"政策执行"理论研究的案例与现象（Khan，2016）。

可以说，21 世纪以来，政策执行的理论研究进入了第四代范式。新世纪的研究人员基于文献综述和政策分析，探讨了政策执行作为一门学科的状况和地位，以及与执行绩效相关的指标体系。第四代的研究评估了执行学科理论发展的缺乏是制约学科发展的主要因素，也是实现完美执行的障碍。研究还发现，政策绩效不佳与多种因素有关，如缺乏协调、资金、承诺、执行者的能力和自上而下的支持。最后，通过批判性地研究与政策执行绩效相关的漏洞，开发用于提高执行成功率的理论模型（Khan & Khandaker，2016）。研究者围绕政策执行的干预形成多层次理论领域，不仅从正式政策（Khan & Khandaker，2016；Stewart et al.，2008）开始，而且从政策问题（Brynard，2009；Mthethwa，2012）探索，甚至对政策环境（Moulton & Sandfort，2017；De-Leon & DeLeon，2002）剖析。

第二节　因果探究：政策执行的体系不断构建

影响政策执行的因素有很多（Brynard，2009）。半个世纪以来，政策制定者和学者一直在努力应对政策执行的挑战。这些挑战源于公共政策中蕴含的雄心勃勃的愿望，政府间关系和服务网络的分散治理，以及公共领域需要处理的棘手问题。在公共管理和公共政策的交叉点上，执行往往涉及改变系统运作和改变目标群体的目标，两者都是艰巨的任务。正如先前的学者所认识到的，政策的执行是通过一个复杂的社会和政治互动系统来运作的

（DeLeon & DeLeon，2002；Goggin et al.，1990；May & Jochim，2013；O'Toole，1986）。

一　政策环境

有人简单地认为政策过程是一个基于理想设计、合理步骤、社会行动的线性过程。实际上，决策和执行是一个动态的、无定形的过程，内容和重点不断变化。这一过程是在广泛、复杂、动态的政治、社会和文化背景下发展的（Trostle et al.，1999）。政策环境是执行能否成功实施的一个不易衡量的因素，但它仍然发挥着重要作用。政府制定公共政策并在地方执行的过程是漫长且不稳定的，政策受到制定环境的影响。这些背景包括在国际、区域、国家和地方层面运作的历史、文化、社会、经济和不同的概念的维度。这些力量影响政策的制定和执行，即政策的制定和执行不能脱离其发生的背景。背景和环境因素可以为有效的政策执行提供机会或限制（Calista，1994）。政策通常是历经多年时间制定的，因此，实现政策目标意味着执行必须通过政治体制、政府结构、经济条件和社会环境的不可避免的变化来进行。随着政治经济的变化，一些政策背景也会发生变化，进而影响哪些参与者参与、做出哪些决策以及在各个层面（包括运营和服务提供层面）发生哪些流程（Walt & Gilson，1994；Bhuyan et al.，2010）。政策过程取决于政治局势是否稳定以及政府是否照常运作，或者危机是否导致政策迅速变化（Thomas & Grindle，1994）。值得注意的是，Kingdon（1984）将政治环境定义为民族情绪的波动，变幻莫测的公众舆论、选举结果、政府更迭，党派或意识形态分布的变化以及利益集团的压力。国际政治背景在国家政策进程中也很重要。这些力量存在于多个层面（如国际、国家和地方）并随着时间的推移而变化。不仅在国家之间，而且在国家内部，社会环境和文化习俗的不同，都会影响到政策进程的各个组成部分（Mthethwa，2012；Durrheim et al.，2003；Brynard，2009；Van Meter & Van Horn，1975）。

二　政策设计

一些执行理论家已经认识到需要更仔细地研究政策设计（Linder & Peters，1987；Ingram & Schneider，1990；Winter & Nielsen，2008；May，2012）。他们的论点是，如果在政策设计阶段正确预见和处理，许多政策执行问题是可以避免的（Bobrow & Dzek，1987；Schneider & Ingram，1988，1990）。但由于"已知的未知"和"未知的未知"同时存在，不仅难以预见未来的问题和突发事件（Weaver，2010），而且更难以说服政策制定者重视执行。正如 Weaver 所说："立法者通过立法获得了政治信誉，而不是避免了执行问题。立法者还将执行视为'别人的问题'，而不是他们应该关心的事情。"（Weaver，2010）当我们坚持认为执行研究应该更加关注政策设计时，首先是因为政策设计中的实质性和政治性缺陷往往会阻碍其执行和预期结果的实现（Comfort，1980；Howlett，2009，2014）。破坏公共政策执行的缺陷不能仅仅归于政策制定者的认知限制（Simon，1957b）或不同政策流的偶然耦合（Kingdon，1984）。在设计政策时应用更多的科学技能和严谨的分析以及更清晰地向前线传达政策目标也无法避免这些缺陷（Goggin et al.，1990）。问题在于，政策设计往往会因未能正确处理政策制定中涉及的实质性和固有的政治问题而受到影响。政策的成功取决于在仔细定义和协调的基础上确定创新且可行的政策问题、目标、工具、策略和组织平台。然而，定义和协调的过程从根本上来说是政治性的，而不是技术性的，因为必须考虑内在的价值和利益冲突、权力博弈、合法性问题以及同等理想目标之间的权衡。事实上，判断公共政策成功的标准受到激烈的政治辩论的影响。因此，我们认为有缺陷的政策设计增加了政策执行失败的风险，该风险显然位于政治领域而不是行政领域（Ansell et al.，2017）。

三 政策主体

政策主体之间的关系影响政策的执行（O'Toole，2003）。根据定义，执行一个政策意味着多个参与者的参与，每个参与者都把自己的能力、期望、价值观和想法带入这个过程（Michel et al.，2022）。其中涉及的不仅是政府行为者（政治家、管理者和街头官僚）（May & Winter，2009），还包括利益集团（Ansell et al.，2017）、企业（Dentoni et al.，2016）和公民（Ansell & Gash，2007；Emerson et al.，2012）。关于政策执行的文献长期以来一直在讨论这种情况所带来的潜在困难，有时将其称为"联合行动"问题：当一项政策需要几个参与者同意并合作时，政策执行成功的概率就会降低（Hupe，2011；Pressman & Wildavsky，1984）。政策参与者——无论是设计者、执行者还是目标人群——倾向于创造和阐述与自身相关的政策（Stone，1989）、政策目标（Yanow，1995）、他们自己对这些政策的参与（Hornung et al.，2019），以及自我理解的他们在政策中的角色（Entman，1993；Weick，1979）。人们经常强调，如果主体之间加强合作，公共政策可以得到更好的执行。一些学者声称组织间的合作本质上是好的（Hudson et al.，1999；Jones et al.，2004），尽管经验证据表明合作有时不能提高绩效（Jennings & Ewalt，1998）。因此，几乎每个当代框架中解释执行成功和失败的一个重要组成部分都与如何管理组织间关系有关（Bardach，1998；Hjern & Porter，1981；O'Toole，2003；O'Toole & Montjoy，1984）。

四　政策工具

政治文化等变量和社会分化的深度对政策执行和工具选择产生了重要影响。政策工具的选择还受到组织与文化的限制（Linder & Peters，1989；Linder & Peters，1990）。这一分析表明，政策工具的选择取决于国家决策者的偏好及其运作的约束的性质（Bressers & O'Toole，1998；Bressers，1998）。政策工具是政策执行的主要手段之一，但二分法的政策工具——比如计划与市场——以及隐喻——比如胡萝卜与大棒——引发人们对政策工具及其模式的不断思考（Howlett，2004）。半个世纪以来，从第一代工具理论到第二代工具理论，政策执行工具的系统性、专业性和精确性也在不断加强和优化。

　　第一代工具理论倾向于简化工具选择的政策世界，以便尝试对工具使用和设计进行一些概括。这样做无意中加剧了对上述工具使用性质的一些误解。政策工具是执行技术，以某种方式涉及利用国家权威或其有意识的限制来为公众和政府提供服务，它们完全属于政治学和经济学的领域。因此，毫不奇怪，政策工具研究长期以来一直存在两个几乎独立的文献流派。然而，两个流派都在早期工作中过度简化了工具的使用和选择。研究政府工具的第一代经济学家主要关注企业与政府关系的研究，以及国家监管和经济政策形成对企业效率的影响。尽管新古典经济学家和福利经济学家之间关于这个概念的争论很激烈，但第一代工具理论经济学家将他们的努力集中在识别"市场失灵"上，这将"证明"政府"干预"市场交易的合理性（Howlett，2004）。

　　之后，一些学者提出了更复杂、更细致的模型和分析。在这些案例研究和实践见解的基础上，第二代研究学者试图解决他们工作中的背景和混合问题（Van Nispen & Ringeling，1998；De Bruijn & Hufen，1998；Bressers & O'Toole，1998）。在对政策组合设计的最优性进行理论化的过程中，必须考虑工具行为和选择的"内部"和"外部"背景（Minogue，2002）。第二代分析不再关注单一工具，而是着眼于互补性工具内部的冲突混合在一起，并采用更加灵活、意识形态更少的政策工具使用方法。对于第二代学者来说，与第一代同行不一样，关键问题不再是"政策制定者为什么要使用某种工具"，而是"为什么在特定部门背景下使用

程序性和实质性文书的特定组合"。第二代学者远远超出了"善
与恶"的考虑，强调需要设计适当的工具组合。随着概念的发
展，第二代工具理论已开始关注少数关键规则，这些规则体现了
"手术刀"工具使用方法：设计政策时必须采用精心挑选的政策
工具组合，以创造相互之间的积极互动，并应对政策部门特定
的、依赖于具体情况的特征。在设计组合时考虑所有政策工具的
重要性，而不是假设必须在监管和市场之间做出选择（Sinclair，
1997）。在政府继续受到压力，要求少花钱多办事的背景下，建
议更多地使用基于奖励的工具，行业采取各种形式的自我监管，
以及可以利用商业和非商业第三方来制定合规的政策，如供应
商、客户和越来越多的审计员与认证机构。最后，强调了寻找新
的适合网络的程序性政策工具以应对治理挑战的重要性。下一代
政策工具，如信息工具，以及各种网络管理技术，如使用咨询
委员会和公众咨询，在这里特别重要（Gunningham & Sinclair，
2002）。第二代文献虽然推动了对工具选择的讨论，超越了大多
数第一代作品中扭曲的二分法，但目前仍然有些困难，分析工具
组合所需的中心概念有些定义不清（Howlett，2004）。

五　政策评估

政策执行往往在政策过程框架中向后延伸，因为学者们倾向
于将政策评估纳入其范围，他们通过处理政策执行带来的后果来
解决执行问题。绝大多数学者都同意政策评估作为良好执行的关
键的重要性（Mazmanian & Sabatier，1983；Browne & Wildavsky，

1984)，将评估视为评估已执行计划并就如何改进计划提出建议的一种方式。尽管在概念上必然保持独特性，但实践中执行和评估在许多方面是完全互动的（Browne & Wildavsky, 1984）。政策执行的评估可以分为三个方面：（1）政策的产出和结果；（2）政策的影响；（3）评估政策是否促进了一个国家或整个社会的发展（Khan & Khandaker, 2016）。但是，扩大政策执行范围以纳入政策评估又带来了另一个固有问题：如何评估政策执行以及随后的比预期更具体的政策评估——这是一个始终存在风险的指标，特别是当环境和计划不断变化时。此外，意向性评估（尤其是实时评估）是一种非常不精确的活动（Browne & Wildavsky, 1984），这使得评估结果作为最终产品的相对成功或失败在最好的情况下是不可能的，在最坏的情况下是一种幻想。在复杂的政策环境中，很少有一组变量能够被确定为具有决定性（Rossi & Freeman, 1985），更不用说决定新的政策执行策略了（DeLeon & DeLeon, 2002）。

第三节　未来发展：政策执行正成为一门学科

政策执行是一件复杂的事情。当学者们摆脱关于这一主题的早期争论时，他们就认识到了这一点，同时也认识到了执行（而不是政策）的复杂性。因此，它既不容易研究，也不容易产生影响。面对这样的认识，一种选择是悲观地说，这太困难了，因此，研究人员只能描述发生的情况，政策制定者只能凭直觉操作。另一种选择是在很多既有趣又值得控制的背景下，认识到可以通过研究来理解政策执行的过程，并形成一门学科（Hill & Hupe，2002）。

第一，政策执行问题需要从政策设计和政策执行两方面考虑。构想有缺陷的政策是不可能执行的（Bardach，1977）。尽管已经证明政治与行政的二分法在实践中并不成立（Hill & Hupe，2014），但经典执行理论对政策执行"绊脚石"的关注往往会重现这种二分法（Meier & Boyte，2007），并强化经典的韦伯式和威尔逊式政治-行政分歧（Box，1999）。因此，经典理论掩盖了这样一个事实，即政策设计——这里的定义是精心设计一套全面的愿景、目标、因果假设、规则、工具、战略和组织来解决特定的政策问题（Linder & Peters，1987；Ingram & Schneider，1990）——往往存在缺陷且考虑不周，使它们难以执行并阻碍其解决问题。政策设计和政策执行的严格分离必须在理论和实践上放松。改进政策执行的尝试必须首先考虑政策设计，不仅是为了预测未来的执行问题，而且是为了制定切实有效的政策并实现预期结果。

第二，良好的理论支持。执行需要适当的"因果理论"（Mazmanian & Sabatier，1989）。好的政策应该具有理论有效性，并且必须建立在适当的理论基础上。如果没有适当的理论有效性，一项政策就会在各个方面给出错误的执行措施。执行的理论研究认为，关键决策者必须将拟议的政策视为合法（Brinkerhoff & Crosby，2002）；政策必须有明确、具体、可衡量、可实现、合理和有时限

（SMART 原则）的目的和目标（Van Meter & Van Horn，1975）。执行理论的根本问题是它以政策预知为前提，即预见未来突发事件的能力，如果有的话那就太好了，但现在还是比较缺乏的（DeLeon & DeLeon，2002）。执行理论必须被视为一个持续的过程，随着执行的展开而灵活调整（Berman，1980；Majone & Wildavsky，1979）。通过持续合作，不断进行相互学习和实践检验，确保治理战略灵活适应当地条件和新出现的限制（Ansell，Sørensen & Torfing，2017）。

第三，良好的执行体系。资金对于政策执行至关重要，还需要适当的人力和物力资源（Mazmanian & Sabatier，1989；Brinkerhoff & Crosby，2002）。同时，适当的技术也能带来执行的成功。资源调动包括准备制订完整的计划、澄清绩效标准并执行适当的行动计划（Brinkerhoff & Crosby，2002）。适当的组织设计是政策成功执行的必要条件，授权、和谐的组织文化将增强组织执行特定政策的能力（Brinkerhoff & Crosby，2002）。领导是政策成功的关键。因此，应选择经验丰富且经过考验的领导人来领导特定的政策干预。一线执行者是政策执行的焦点资源。他们的无能会导致执行失败（Mazmanian & Sabatier，1989）；必须激励一线执行者做出承诺，并且接受必要的培训，以免发生违规行为。克服联合行动的复杂性，采取适当措施防止冲突、矛盾甚至分裂。执行不应孤立进行，内部和外部当局监督执行过程的机制将提高实施绩效。

本书依据政策执行半个世纪以来的研究经验，在两个紧密相

关的领域做出总结与探索。首先，我们提醒学者们要努力提出实
质性理论，以使政策执行作为公共行政领域的一门学科站稳脚
跟。其次，希望学者们重新审视政策执行中的一些重大问题并提
出解决措施，构建综合指标体系以指导政策实践。

第二章　政策一致性与政策执行

> 政策科学具有跨学科的特性，是一门多学科共同研究的学问。
>
> ——〔美〕拉斯韦尔

2024 年国务院政府工作报告指出，要增强宏观政策取向一致性，围绕发展大局，加强财政、货币、就业、产业、区域、科技、环保等政策协调配合，把非经济性政策纳入宏观政策取向一致性评估，强化政策统筹，确保同向发力、形成合力。尽管宏观政策一致性的研究历史相对较短，但它已成为全球政策研究的一个重要主题。政策一致性被广泛认为对于成功实施全球政策框架至关重要，许多人认为取向一致的宏观政策将帮助政府以透明和公平的方式在政策目标之间实施（Antwi-Agyei et al., 2017；Nilsson & Weitz, 2019）。例如，Gieve 和 Provost（2012）指出，由于缺乏对货币和监管政策子系统之间协调必要性的认识和宣传，美国次级抵押贷款市场崩溃，并最终导致 2008 年的国际金融危机。那么，政策一致性的概念是什么？政策一致性的理论分析是什么？政策一致性的执行框架是什么？政策一致性的执行效果如何评估？新的研究方向是什么？这些问题都迫切需要回答。

第一节 政策一致性的内涵

宏观政策取向一致性是公共管理的一项重大挑战。经济性政策和非经济性政策的综合使制定、执行和评估等各阶段都变得困难，特别是如果政策横向跨越政策子系统和纵向跨越各级政府。因此，在本体论、认识论和方法论上，在概念和理论上，对宏观政策一致性的研究将至关重要。

一 政策一致性的起源

"政策一致性"一词是由多个国际政府组织（IGO）在 20 世纪 90 年代引入的。政策一致性的概念首先由经合组织发展援助委员会在 1991 年发表的一份报告中使用；因此，政策一致性辩论围绕发展政策以及在援助政策之间创造协同作用的目标也就不足为奇了。后来，认识到劳动力市场计划的客户可能还需要与教育和培训、金融和健康相关的服务，国际劳工组织（ILO）设立了政策整合部并发布政策一致性倡议，以支持各国政府采用具有连贯性的交叉政策组合。同样，世界银行促进了环境政策与其他部门政策的整合，这被称为"环境主流化"（Tosun & Lang，2017）。其在性别平等、教育和反贫困政策的背景下被提及（Jac-quot，2010），但最近越来越多地应用于治理气候变化和环境。欧盟委员会在 1993 年发布了社会政策绿皮书，在这一概念的发展中发挥了重要作用，其中建议社会计划应整合教育、培训和就业等政策（Mabbett，2005）。同样，在过去几年中，世界经济论坛也提倡不同政策领域之间的协调，包括气候变化、能源、粮食和农业以及水资源（Visseren-Hamakers，2015）。

二 政策一致性的概念

根据韦氏大学词典，"一致性"意味着"形成、协调或融合成一个功能或结构统一的整体"或"合并成一个更大的单位"（Briassoulis，2004）。Collier（1994）将政策一致性定义为：（1）实现可持续发展并防止政策破坏；（2）消除政策之间以及政策内部的矛盾；（3）实现互利共赢、政策相辅相成的目标。Challis 等（1988）将政策一致性广泛地描述为"追求连贯性、一致性、全面性与和谐兼容的结果"。OECD（1996）侧重于过程方面，将政策一致性定义为："部门和政策目标之间的早期协调，以便找到两者之间的协同作用或在必要时确定政策的优先事项。"在非常普遍的意义上，一致性本身被定义为不同政策之间相互一致的总体状态。欧洲环境署将政策一致性视为将政策的重点从"问题本身转移到其原因，从'末端'部门转移到'驱动力'部门"的过程（EEA，1998）。对于 Lafferty 和 Hovden（2002）来说，政策一致性意味着"（1）将政策目标纳入非政策制定的所有阶段并明确承认这一目标是政策规划和执行的指导原则；（2）同时尝试将假定的政策后果汇总到政策的总体评估中，并承诺尽量减少政策与政策之间的矛盾"。

第二节　政策一致性的理论

有些人将政策一致性定义为一个政治过程，有些人则强调社会结果的输出。当然，更多人强调一致性是一个过程和结果的综合。有效的政策一致性要求横向沟通、纵向协同，实质性和程序性的跨部门合作，以及共同责任和资源共享。这意味着宏观政策取向一致性的研究可以站在协同、合作、联合、统一等多个认识论和方法论的基础上，反映有关行动者对问题的共同看法和共同观点，或者采用全面的、跨学科的定义和理论，并以类似的方式定义和制定研究框架（朱成全、朱奕帆，2024；王辉、刘惠敏，2023）。

一　政策不一致的原因

面对当今许多最紧迫的社会挑战，包括粮食安全、气候变化、非法移民、能源危机、公共卫生等，人们普遍认为，政府部门的"孤岛化""条块化""碎片化"在新公共管理时代有所加剧。政策一致性文献对政策一致性的"障碍"进行了丰富的诊断，但这些障碍通常仅限于政策过程的内部环境（例如，各部门之间缺乏协调），而不是追溯到社会中更深层的利益、想法和机构。因此，关于行为者持有的不同偏好、行为者之间的权力分配、政治目标和问题的概念化和框架化方式、社会规范以及影响政策过程和结果的许多其他政治因素的问题都没有被捕获（Shawoo et al.，2023）。

政策不一致有多种原因，可分为四个领域（Ashoff，2005）：（1）社会和政治规范领域；（2）政治决策领域（政治利益的分歧，增加了复杂性）；（3）政策制定和协调领域（政策制定以及政策协调的结构和过程中的缺陷、信息短缺）；（4）概念领域（发展议程日益复杂、知识差距、发展进程本身的复杂性）。并且，政策不一致有以下三个层次（Hoebink，2004；Sianes，2017）。

第一，有意和无意的不一致。当利益冲突的决策者故意选择某一特定利益时，不一致是有预谋的；当一项政策的结果击败另一项政策时，由于属于不同的政策领域而没有人意识到，不一致是无意识的。

第二，结构性的、暂时的和虚构的不一致。结构性的不一致是为那些本身存在相互竞争的利益集团并且使某些利益集团受益不可避免地导致损害其他利益集团的情况保留的。当重新平衡利益冲突只是时间问题时，就会出现暂时的不一致。当没有实际冲突时，不一致是虚构的，但影响决策机构的是想法或意识形态。

第三，制度和政治经济的不一致。前者是由各个官僚机构绩效的文化差异造成的，主要是由于不同行政区域之间缺乏协调（纵向或横向）；其他问题更多地涉及如何解决社会上的实质性问题，包括消除贫困，在这方面，或多或少的正统方法可能会相互冲突。

因此，无论在理论上还是在实践中，完美的政策一致性都是不可能的。但是，加强发展政策一致性的目标是合理的，而且确实是一项压倒一切的目标。

二 政策一致性的目标

如果两项政策具有共同范围或方向，以一致或统一的方式处理问题，则两项政策是一致的，或是有机会整合的。同时，要适应或尊重彼此对所研究问题的社会、经济、环境、文化和其他特征的不同关切，即积极地构建取向一致和目标一致。两项或多项政策之间一致、兼容、共同或互补的目标是其一致性的有利的、必要的但不是充分的先决条件。多维度的政策目标提供了更多的接触点，从而增加了政策整合的机会。当一项政策的目的和目标包括其对其他政策对象的影响时，或者当一项政策被视为实现另一项政策目标的工具时，两者可能表现出某种程度的整合。每个治理体系和相关子系统都有几个需要追求的短期、中期和长期政策目标，其中一些目标直接影响跨领域问题，或者受跨领域问题的影响。我们认识到，政策目标可以相当抽象并上升为战略路线，也可以采取需要具体干预措施的具体计划的形式。尽管在一体化程度较低的情况下，我们预计有关跨领域问题的政策目标将仅限于一个或几个领域及相关政策，但向加强政策一体化的转变往往伴随着跨领域政策目标的多样化。例如，按照党中央、国务院决策部署，国家发展改革委牵头建立了政策文件评估机制，开展新出台政策与宏观政策取向一致性评估工作，国务院各部门出台文件凡涉及宏观经济稳定和市场预期稳定的，均需送国家发展改革委开展宏观政策取向一致性评估。评估内容主要包括三方面：政策文件是否符合党中央精神、是否会对经济产生收缩性抑制性影响、是否会对社会预期产生不利影响（见表2-1）。

表 2-1　国家发展改革委宏观政策一致性评估目标

领域	审查内容
政治	是否符合党中央精神
经济	是否会对经济产生收缩性抑制性影响
社会	是否会对社会预期产生不利影响

三　政策一致性的类型

新的文献已经讨论了不同类型的一致性：横向一致性（不同政策领域之间，如经济性政策和社会性政策）、纵向一致性（中央与地方各级政府之间）、多边一致性（发达地区与发展中地区之间）、组织间一致性（政府政策与民间社会组织政策之间）。但抛开这些形式上的研究，我们从思想、实质和程序方面对一致性加以研究。

（一）思想一致性

政策整合问题的根源在于相同或不同政策背景下行为者价值体系的社会文化差异。如果行动者拥有共同的价值观、共同的愿景、共同的目标并遵守相同的规则——即使这些规则的具体内容不同——那么政策之间的绩效就可以预期是令人满意的。当两项或多项政策的思想表现出共性时，这些政策很可能有共同的行动者，具有共同的利益和观点、既定的传统及沟通和合作的渠道，

以及对某种形式的真正兴趣（不一定普遍批准和支持）（Briassou-
lis，2004）。

（二）实质一致性

实质一致性包括组织、结构、权威、财富和人员等管理资
源，以直接影响"政策提供的商品和服务的性质、类型、数量和
分配"（Candel & Biesbroek，2016）。各项政策的组织和管理机构
之间应存在横向联系，如共同、一致、不冲突、合作和协调的结
构和网络，以便妥善制定和实施共同问题的联合、合作和综合解
决方案。实质结构有时已经在某些空间/组织层面上就位，表明
至少出于实际目的需要和有兴趣协调具体政策，即确保遵守一项
政策的规定不会抵消其他一些政策的要求（Briassoulis，2004）。

（三）程序一致性

政策一致性过程是多层且异步的，程序性文书旨在"通过政
策过程进行操纵"。程序工具可以部署在横向系统之间，例如促
进子系统之间的协调（Candel & Biesbroek，2016）。当子系统明
确解决其政策过程中的特定问题时，即当它们标记政策工作时，
涉及议程设定、准备辩论、政策设计或内部和外部沟通等活动
（Briassoulis，2004）。首先，部门内部协调很重要，因为政策制定
是一个讨价还价和谈判的过程。其次，部门间协调本身就是一个
组织间进程。每个部门都与相互依存和相互关心的其他部门进行
协调。

四 政策一致性的意愿

组织间合作伙伴之间的信任建立在相互理解和相信所有合作伙伴都致力于采取集体行动的基础上。它基于一种愿意受到他人行为影响的意愿，并且相信他人的行为符合个人利益。在合作互动中，信任关系不是必需的，因为各个组织的利益仍然是至高无上的，并且独立的角色得以维持。然而，当参与者分享诚实的信息时，信任关系就会发展（Ospina & Yaroni，2003）。Raymond（2006）表示，"政策制定者可能希望较少关注在各方之间建立信任，而更多地关注激励和制度机制，以使合作成为理性选择"。

在协调互动中，组织领导者密切合作，建立基于信任的关系。协调安排中需要一定程度的信任，以在共享服务或资源的基础上促进最高程度的相互依赖（Himmelman，2002）。信任是由领导者在等级结构中建立的，他们认识到一起工作的好处，并向下属传达其重要性，以鼓励他们一起工作。Jennings（1994）的研究表明，70%的管理者表示，领导者在建立协调承诺方面发挥着重要作用。在其他研究中，Jennings 和 Krane（1994）认为实施就业能力和基本技能提升计划的机构领导人之间建立信任关系，有助于减少机构内人员之间的冲突。

在协作互动中，各级参与者之间的信任增大了集体行动发生的可能性。对于参与者来说，重要的是要相信合作伙伴致力于集体目标的实现，他们将按照既定规则行事，并相互坦诚地进行谈判。随着对正式组织角色重视程度的降低，相互之间的信任促进了关系的持续。因此，需要建立高度信任关系来发展共同领域（Himmelman，2002）、整合政策、利用资源以及制定共同目标（Imperial，2005），形成"合作道德"（Thomson & Perry，2006）以加强联系。虽然信任是协作的重要组成部分，但它需要时间和资源来发展和维持。

五　政策一致性的设计

政策一致性的设计被定义为"就集体努力中每个参与组织的角色和责任达成一致的决定"（Thatcher，2007）。在政策一致性中，决策过程是集中的。Jennings 和 Krane（1994）在采访来自 32 个参与协调美国八个州就业机会和基本技能计划的机构的代表时表示，某个特定机构或一组机构主导了决策过程。具有强大集中规划工作能力的部门似乎制订了有效连接各个组成部分的计划，例如客户诊断、消除就业障碍、进入劳动力市场以及提供支持服务。在协作互动中，有关安排方向和运作的决策是通过参与过程集体做出的（Mandell，1994）。联合决策依赖于共识和妥协来弥合各个组织之间的差异。随着利益相关者频繁互动以制定用于支持决策的共享规范、规则和流程，协作安排中预计会体现透明度。所有参与者都参与指导该计划方向的讨论，从而促进了平等；每个参与者在做出决定时都有平等的投票权（McNamara，2008）。

宏观政策的重中之重，当然是从政府中心（政府首脑、政府首脑办公室）的角度关注政策的一致性。例如，负责发展政策的部长（如英国、荷兰）或政府的议会（如瑞典）都以政治承诺证明了合理性，并以概念和战略支撑了加强政策一致性的必要性和意愿。政府中心必须保持制定战略观点和选择的能力，并将其应用于长期决策。加强一致性的政治意愿在政府批准的详细战略文件中具有了概念上的合理性。并且就各个政策领域而言，其以对不连贯性的分析和制定连贯政策的目标为支撑。

另外，要求加强发展政策一致性的呼声通常是由负责发展政策的下级部门而不是中央提出的，而其他部门和中央必须首先被说服，相信其优势（Knill et al.，2021）。因此，必须从负责发展政策的部门的角度来思考政策一致性。自己不仅负责发展合作，还负责提高其他政策和部门对发展政策更加协调一致的必要性的认识。对一致性而言具有重要意义的政策（如制造业、房地产、教育、养老和科技政策）的正式责任主要由政府部门或部长分配。密集的部门间网络和主管官员层面对一致性问题的联合分析特别重要：它们为更高级别的良好政治讨论和决策奠定了实质性基础。为此，成立了在固定期限内处理某一特定主题的跨部门工作组，并临时借调适当的工作人员。

第三节　政策一致性的执行

然而，政策一致性不仅仅是政策设计和决策。事实上，政策一致性是一种政策变革，政策制定者通过这种变革将子系统与不同政策领域遵循各自的逻辑连接起来。政策整合是政策变革的一种特殊形式，因为它要求参与者在政策过程的许多点上不断地连接政策子系统。例如，政府可能宣布一项综合政策（制定议程），但在设计阶段或稍后付诸实施时却变得支离破碎。与任何其他政策变化一样，要理解政策一致性的努力如何与部门逻辑产生冲突，需要解释为什么这种逻辑通常盛行，以及如何通过有意识的政治干预来克服它（Cejudo & Trein，2023）。

一 政策一致性的执行难度

政策一致性的执行是"达成共识以推进组织间安排的目标实施"的方式（Thatcher，2007）。实施综合政策战略和综合能力的做法可能面临政策执行的经典挑战：如果许多行为者参与政策执行，则存在联合行动问题和大量否决的可能性（Pressman & Wildavsky，1984）。执行主体的这种否决权使得更多"不一致的实施"成为可能，特别是：（1）如果权力是分散的（也就是说，传统的命令和控制机制没有运作，因为执行行为者拥有独立的权力）；（2）如果政策规则和目标模棱两可（Hupe，2011；Sabatier & Mazmanian，1980）。因此，冲突和执行机构之间先前建立的互动模式可能会破坏综合政策的执行（Mavrot & Hadorn，2021）。这些见解意味着，对于政策一致性来说，综合执行或联合执行的做法颇具难度，因为执行组织遵循其既定的部门做法并寻求保持自主权（Cejudo & Trein，2023）。

执行机构内部普遍存在联合行动问题，因此更有可能进行部门性执行和评价，而不是综合性执行和评价。然而，导致一致性执行难度的不仅仅是几个子系统的被动抵制。Pressman 和 Wildavsky（1984）提出的实现执行问题的经典解决方案是消除程序的复杂性或减少否决权参与者的数量。虽然可以尝试直接监督绩效指标和目标来指导政策一致性的执行，但在策略集成的情况下，这种方法是有局限性的。因为根据一致性的定义，其将涉及不同策略的子系统。综合政策的执行涉及政策组合，以及不同政策部门的机构正在部署的不同工具；这种政策组合的执行不仅涉及同时执行平行政策，还涉及这些政策之间的相互作用。这些属性对研究政策一致性的执行具有重要意义。对文献的不同研究表明，由于潜在的冲突或仅仅是相关组织之间缺乏一致性，任何执行跨越各个部门的公共政策一致性的计划都将是困难的。执行综合政策的挑战在于，它们涉及不止一个机构和部门，这就产生了额外的横向协调挑战（Egeberg & Trondal，2016）。

二 政策一致性的执行资源

资源分配是"衡量每个组织的独立贡献以及通过组织间单位分配资源来实现伙伴关系的程序"（Thatcher，2007）。在协调互动中，资源被交换以创建互利关系，从而增强每个组织实现个人目标的能力。实物财产和/或金融资产的交换是协调的一个重要因素，货币交换创造了一种机制，可以简化和整合服务。在协作互动中，资源被集中起来，利用人员、专业知识和资金来支持集体目标（Hambrick & Rog，2000）。在政策协作网络中，一些参与者可以获得其他人无法获得的专业知识、人员或资金，因此出现了资源汇集。资源一旦被集中起来，集体或团体就会以个人参与者无法实现的方式推进一项或多项政策。首先，法律规定提供资金激励来支持集体努力。其次，领导者向下属传达了合作共赢的重要性。领导者对合作的重视程度明显高于对金融支持、人际关系或机构间认可的重视程度。如果没有上级部门的领导和榜样，很难想象地方官员会将其稀缺资源用于更好地协调。通过等级结构形成的正式权力被用来使协调合法化。

信息共享也是资源交换的一个重要方面。信息共享是"参与组织产生和交流实现集体目标所需信息的程度"（Thatcher，2007）。在合作互动中，基本信息最初是通过非正式的沟通渠道共享的；持续的对话为讨论更广泛的话题创造了机会。在合作中，人们基本上只是共享信息。共享可以包括一项或多项活动，并且即使成员退出也不会受到太大影响。总而言之，在合作环境中，管理者更愿意分享在传统环境中被隐瞒的信息。在协调互动中，更正式的沟通渠道用于在组织边界内和跨组织边界交换信息。这些努力不仅涉及信息共享，还需要共同规划。联合规划的这一组成部分区分了合作和协调互动之间的信息交换。Jennings（1994）对《职业培训伙伴关系法》中的就业和培训活动的研究指出，60%的受访者表示，工作伙伴关系和不同单位员工的定期会议对协调有很大贡献；超过50%的受访者表示，部门间联络可以作为促进跨组织边界沟通的机制。在协作互动中，重点是开放和频繁的沟通，以促进合作伙伴之间的共同知识和理解的基础。在这个信息共享过程中，参与者传达他们可以或不能向集体安排提供哪些资源，共享技术资源并开发公共数据库以减少信息不对称（Imperial, 2005）。此外，还通过各种渠道交换信息。这些互动过程很重要，因为它们帮助网络成员找到合作方式、产生新想法、分享知识、解决问题、建立关系和发展信任（McNamara, 2012）。

三 政策一致性的执行组织

公共政策研究传统上假设政策制定是在专门的政策群体内进行的，从而创建了所谓的政策子系统。政策子系统（也称为政策部门或政策领域）是政治体系的子集，由一组既定的参与者组成，旨在处理特定的政策问题（见表 2-2）。子系统是有利的，因为随着时间的推移，它们会创建明确的职责、能力和可信关系。然而，子系统结构也促进了在单独的"孤岛"内进行决策，因此，政策子系统之间的互动变得更加困难。政策整合旨在解决各个独立子系统内决策的困难和不足。由于组织之间的冲突、不同的部门政策风格以及政策子系统的相对自主性，不同政策部门之间的协调往往很复杂。组织自治被定义为每个合作组织运作的独立程度以及有多少运作程序和政策已适应组织间安排的目标。在合作互动中，组织是完全自主的；政策和程序仍然存在独立性，因为不做出多组织决策。

表 2-2　与养老服务政策相关联的主要部门和主要政策

政策类型	相关联的政策	相关联的部门
财政资金	公共财政政策	国家发改委、财政部
	融资政策	中国人民银行、国家金融监督管理总局
	税费优惠政策	国家税务总局

续表

政策类型	相关联的政策	相关联的部门
设施建设	土地供应政策	自然资源部
	设施建设、城乡规划	住房和城乡建设部、农业农村部
服务项目	服务质量规范	国家市场监督管理总局、民政部
	信息化、智能化建设和服务	工业和信息化部
整合照料	卫生服务政策	国家卫生健康委员会
人力资源	人才培养、职业培训	教育部、民政部
	就业政策	人力资源和社会保障部
老年安全	消防、应急保障	民政部、国家消防救援局、应急管理部

资料来源：（李兵、朱赫，2023）。

关键人员被定义为"来自成员组织和集体单位、负责实施伙伴关系的人员"（Thatcher，2007）。通过审查谁是关键人员并询问谁拥有正式权力、谁控制关键资源以及谁能够以话语方式管理合法性，研究人员可以更好地评估政策一致性的收益和成本，并更清楚地区分真正协作的策略和非协作的策略之间的关系。初级的政策一致性通常通过组织较低级别的联系进行，并且涉及很少的资源，因此各个组织的领导者通常不参与实施伙伴关系。没有参与者对该团体拥有正式的权力或控制权。随着一致性要求的增加，在协调互动中，担任监督角色的人员负责实施伙伴关系，并且是成功的关键要素。参与安排的人员在实施中发挥着关键作用，为了确定共同点，他们的参与依赖于谈判规则的自由裁量权，并根据群体审议在计划层面做出组织决策。召集人通常在建立协作安排方面发挥着重要作用，通过识别问题并将利益相关者聚集在一起解决问题。虽然召集人对其他参与者没有正式的权力，但通过组织安排的专业知识和可信度可以产生非正式的影响力。正是通过这种非正式的影响，召集者可以获得参与者的自愿支持（McNamara，2012）。

四　政策一致性的执行关系

在合作互动中，合作的决定是非正式的，资源管理机构制定了一项不具有约束力的协议，并且基于公认的共享信息、建设能力或产生为参与者服务的协同作用的机会。这种类型的互动的特点是短期和非正式的关系。组织共同努力增加个人利益并避免基于外部因素的不必要的变化。"合作战略"用于创造稳定并减少因政策条件变化而产生的影响。Thomas（1997）表示"在合作关系中，部门一起工作是因为它们想要这样做，而不是因为它们被告知要这样做"。在协调互动中，参与者建立更正式的关系，以追求与组织利益相一致的目标。伙伴关系的正式化有助于建立明确的角色定义。更高水平的承诺会带来更正式的结构和流程。在对工作机会和基本技能计划的研究中得出结论，合同协议用于建立联合行动领域、概述责任并利用各个组织之间的资源，以最大限度地增加接受服务的客户数量。地方组织之间的合同协议由地区一级的更高权威机构审查。在协作互动中，参与者之间使用正式和非正式协议来确定共同的角色和责任。非正式协议可用于支持合作的演进性质；随着安排的扩大、合作伙伴的变化或问题领域的转移，其会发生变化。此外，合作伙伴可以将随着时间的推移而建立的社会规范和协议正式化以实现稳定。虽然合同安排也可用于将参与组织聚集在一起，但协作安排中的形式不同于协调安排，因为人际关系超出了合同条款的范围。在政策的协作网络中，正式和非正式关系在协作网络中普遍存在（McNamara，2008）。

在协调互动中，当组织寻求实现竞争目标时，可能会出现势力范围问题（Schlossberg，2004）。Jennings 和 Krane（1994）在对美国八个州的就业机会和基本技能计划协调进行的研究中，发现地盘问题是协调的障碍。地盘"带有这样一种观念，即每个机构都有一个领域，并努力将其他机构排除在外"。冲突问题的解决是"当领土和控制问题发生冲突时，成员组织之间解决问题的过程"（Thatcher，2007）。Huxham（1993）通过使用"元使命、元目标和元战略"来指导组织领域并应对模糊的共同目标。在合作互动中，可以避免冲突问题，因为参与者对现有操作的体验几乎没有变化。地盘问题得以避免，因为各方无须处理组织之间的差异即可找到双赢的解决方案（Ospina & Yaroni，2003）。中立的调解者可以通过帮助人员认识到他们可能有不同的目标而应该受到集体的尊重来解决冲突。在协作互动中，当参与者因组织和集体安排之间不一致的需求而认识到角色冲突时，可能会出现势力范围问题（Thomson & Perry，2006）。协调互动和协作互动中的地盘问题之间的区别在于它们的解决方式。虽然协调互动的参与者依赖于中立的促进者，但协作互动的参与者经常相互合作来调整政策和程序以减少冲突。因此，解决协作安排的参与者之间的冲突的过程很普遍。更重要的是要认识到每个参与者为履行集体安排的承诺而做出的努力，同时也支持各自组织的利益。

五 政策一致性的执行层次

发改、财政、金融、税务、住建、市场、工信、卫健、教育、人力、消防、救援等政策协调层级总结如图 2-1 所示。下面将更全面地解释所使用的类型和每个步骤的含义。

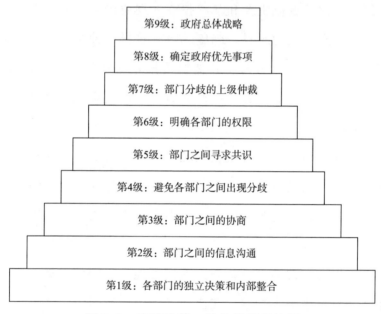

第9级：政府总体战略
第8级：确定政府优先事项
第7级：部门分歧的上级仲裁
第6级：明确各部门的权限
第5级：部门之间寻求共识
第4级：避免各部门之间出现分歧
第3级：部门之间的协商
第2级：部门之间的信息沟通
第1级：各部门的独立决策和内部整合

图 2-1 宏观政策一致性的部门协同

资料来源：Metcalfe（1994）。

（一）各部门的独立决策和内部整合

最低层级的一致性当然是各部门的独立决策。每个部门在自己的政策领域内保留行动的自主权和独立性。各部门依靠自己的法律或政治特权，将政策制定视为一项专门的职能活动。这看起来根本不像是政策一致性的框架，但我们不能忘记，各部门的管辖权涉及其各自领域的决策。如果职责之间存在模糊性或不必要的重叠，那么各部门之间可能会不断面临权限不清问题或卷入政策纠纷，而不是在不参考其他部门的情况下独立制定自己的政策。第1级定义了各部门的内部协调任务，如果是微小型政策，则很少或不需要在各部门之间进行更高层级的协调。

（二）部门之间的信息沟通

与其他部门的信息沟通是政策一致性行动的第一步。各部门对保留决策自主权的担忧需要通过政府内部的规范和惯例来平衡，这些规范和惯例迫使它们向其他部门通报自己正在做的事情。进行信息交流，确保各部门及时了解彼此出现的问题以及如何在自己的领域进行行动是特别必要的。这不仅仅是例行公事，信息就是力量、资源与权威。为了满足信息交换，必须存在可靠且可接受的定期沟通渠道。各部门以各种方式确保其他部门持续了解它正在做的事情。或多或少正式的数字信息系统、计算机网络和非正式的"小道消息"是部门和各级政府获取信息的具体手段。这些组织间信息沟通的过程当然比组织内沟通更难维持。但与每个部门生成并保留其所需信息相比，它们使政府系统能够在更完整、更可靠的数据库基础上运作。

（三）部门之间的协商

协调是双向的而不是单向的。各个部门在制定自己的政策过程中会咨询其他部门的意见。第 3 级的协商不只是发送和接收信息，它们还从自己的立场对收到的信息做出回应，提出意见、建议甚至批评。这种协商过程可能是相当广泛的，但并不侵犯部门的自主权和决策权。协商向各部门提供来自各种来源的反馈，部门可以将其纳入自己的政策和决策。这种协商过程可以加深对不同部门正在制定的政策的相互了解，使它们能够预测彼此的反应并在做出坚定承诺之前建立讨论的习惯，从而对提升政策体系的凝聚力产生强大的影响。

（四）避免各部门之间出现分歧

在不同政策相互作用的情况下，从政府的角度来看，各部门要避免采取不同的政策立场，这一点很重要。需要协调不同政策来确保政府"用一个声音说话"。第 4 级协商需要建立统一机制，以避免各部门之间公开存在意见分歧。在做出公开承诺之前，各部门必须明确政策分歧；它们在确定政策分歧和谈判立场之前通过讨论和直接接触来做到这一点。像这样的政策分歧是肯定且经常存在的，而且会对官员们产生"齐心协力"的重要压力，使政府部门之间迫切需要下一级的政策共识。

（五）部门之间寻求共识

各部门不应满足于为了避免暴露分歧而进行消极应对，应更积极地合作，就互补政策（即使不是共同目标）达成共识。与上述第 4 级政策分歧相比，第 5 级则需要积极主动地协调。领导小组、行业协会、联合委员会、联合工作组、咨询委员会等都是达成政策一致性和谈判协商的常见方式。这本质上仍然是一个各部门自愿参与的过程，因为它们认识到它们之间的相互依存性以及在解决政策不确定性和差异问题方面的共同利益（Metcalfe，1994）。

（六）明确各部门的权限

如前文所述，避免分歧是处理较低层级协调流程无法解决的问题的过程，解决分歧更多的是一种故障排除功能。但是，宏观政策一致性的框架设置可以发挥更积极的战略作用。实现这一目标的一个重要手段是设定各部门的工作权限。第 6 级的框架涉及定义各部门不能做什么，而不是规定它们应该做什么。当然，这又可能被视为消极协调，利用预算限制或限制各部门的政策自由裁量权。这些限制可能仍然使各部门在整体资源或政策限制范围内失去很大的自由度。

（七）部门分歧的上级仲裁

有时，各部门之间的分歧太大，以至于任何人都无法自愿让步。政策制定需要比迄今为止描述的协调过程更快的决策。如果部门间的观点分歧无法通过第 2~6 级定义的横向协调流程来解决，则需要上级政府的仲裁机制。上级仲裁能够解决各部门无法自行解决的冲突。但是，这是比较消极的协调，因为仲裁过程本质上是对较低层级流程尚未解决的特定问题的反弹性响应。第 6

级和第 7 级之间的区别类似于庭外和解与将争议交给法官裁决之间的区别（Metcalfe，1994）。

（八）确定政府优先事项

各国中央政府可以通过制定主要政策和确定优先事项来发挥更积极的作用。这种高水平的协调能力需要相当深入的分析和协作准备。确定政府优先事项为各部门的工作提供了明确的模式和方向，并对如何解决部际分歧提出了清晰的界限。共同优先事项为部级和部际政策制定提供了取向一致的框架。当然，政府优先事项的制定、细化和实施也有赖于下级部门职能的有效发挥。

（九）政府总体战略

战略设计机构的最高层是中央政府。顶层设计涉及由中央政府出发进行的自上而下的系统化设计，既要解决好中央政府、地方政府、各利益团体与人民群众的关系，又要解决好政府与市场、国内与国外的关系。顶层设计就是强调这一切工作都由最高层的中央政府开始的系统工程，而非"头疼医头，脚疼医脚"的零敲碎打。政府要注意发挥宏观调控、政策引领作用，实现长期规划。顶层设计机制的政策体系是一切工作的总体性、根本性、长期性依据，是从最高层进行的全面设计，立足长远，不同于某个地区、某级政府或是自下而上式的政策思路。它强调的是最关键、最根本、最基础、最重要的制度性变革，是一切政策工作的指导和前提。

第四节 政策一致性的评估

学者们从一致性的角度关注如何将来自多个政策部门的效果纳入综合评估。因此，从评估的角度来看，有人认为政策一体化要求所有部门适当地相互合作，使它们有可能获得更有效率的政策成果。但由于政策一致性通常需要纳入许多不同的计划层面的政策目标，因此执行者很难确定他们对综合战略总体目标的贡献，政策评估失败的可能性增加。通过评估政策之间的一致性并确定预期协同作用是否发生，决策者可以评估政策整合的潜在驱动力。同时，我们强调一体化过程的非线性，以及这些路径可能导致或不导致一体化政策实践的多种方式。即使在具备国家综合政策战略和能力的情况下，公共管理者、街道一级官僚和地方政府的灵活性和激励措施也可能会增加综合评估的复杂性。此外，在政策执行过程中必须保持构成政策组合的效果的连贯性和一致性。本书定义了评估政策一致性的三种效果，即累积效应、协同效应与合成谬误。

一 累积效应（1+1>2）

累积效应通常被简单地描述为"1+1>2"。也就是说，当两个或多个政策组合运作的效果大于各单个政策相加的效果时，就会产生累积效应。这一分析的核心是需要清楚地了解特定政策组合中政策效果之间相互作用的精确类型，也就是说，当政策以特定方式组合时，它们在特定背景下如何相互关联，以及这种结合对其实现政策目标的贡献有何影响。例如，当一种政策工具增强另一种政策工具的效果而不改变其原始强度时，两种政策工具就会表现出累积作用。累积作用的一个例子是利用税收和宣传活动来阻止吸烟，将两者结合起来比简单地使用其中一种更能促进禁烟，因为反吸烟信息的传播不仅增强了税收对阻止吸烟者吸烟的影响，而且还影响到非吸烟者，否则他们可能会考虑开始吸烟。因此，协同工具组合可以抑制对政策组合中某一工具的政策阻力；减缓政策阻力的演变；保持使用每种政策工具的较低强度，从而减少针对特定工具组合的意外负面后果。因此，工具与工具相互作用中的协同作用不仅仅是一种累积效应。两种政策工具结合使用的效果大于这些工具的（预期）相加效果。这有可能实现更高水平的政策有效性，同时最大限度地减少额外的政策投资。换句话说，当政策工具发挥累积作用时，有可能减少对两种工具的政策投资，同时仍确保预期的结果水平。然而，由于累积关系不常见，协同工具组合的识别具有挑战性。尽管如此，当以非政治方式选择工具时，更有可能产生累积效应。

二　协同效应（1<1+1<2）

协同效应通常被简单地描述为"1+1>1"但"1+1<2"。也就是说，当两个或多个政策组合运作的效果大于单个政策的效果但小于各单个政策相加的效果时，我们称之为协同效应。这反映了单个工具以意想不到的非线性方式组合以增强整体工具组合有效

性的情况，而"适得其反"效果是指工具组合起来降低整体工具组合有效性的情况。在这些相互作用中，协同作用是政策组合开发高度追求的目标，从而使政策设置中的反效应不那么严重（Trencher & Van der Heijden，2019）。当政策组合中的各个工具共同支持一项政策战略时，可以认为它们是一致的，"当它们相互对抗并产生反作用时，它们就是不一致的"（Kern & Howlett，2009）。但请注意，不一致并不一定会导致适得其反的效果；它也可以具有中性效果，即没有强烈显著或积极的效果（Maor & Howlett，2022）。

但是，是什么导致现有的政策组合措施不够充分呢？现有文献中有两个衡量指标特别突出：密度，即混合政策的数量；强度，即这些政策以强或弱的方式部署。虽然密度是一个复杂的概念，但强度的评估更难。可以进行广泛的强度测量，例如混合预期实现多少目标，实现这些目标所需工具的资源配置方式，或者影响目标人群的利益和负担。这两种衡量标准的制定都考虑到了Howlett 和 Cashore（2009）的执行论点，即所有政策都由几个不同要素组成：政策的总体目标和政府的治理偏好、实现目标所使用的工具种类，以及应用政策的设置和校准。基于 Howlett 和 Cashore（2009）将政策工具视为可设计的政策输出核心概念的前提，Knill 等（2012）区分了所部署的政策工具的数量和政策工具的内容，制定了具体类型的密度和强度措施。

三 合成谬误（1+1<1）

合成谬误（Fallacy of Composition）是萨缪尔森提出来的。意即，对局部来说是对的东西，如果说它对总体而言也必然是对的，就是一种谬误。政策上的"合成谬误"不但可能造成政策本身的执行出现偏差，也会使其所服务的目标变得更难实现。产生政策"合成谬误"的原因在于各个政策的碎片化执行。政策工具组合的应用也可能产生较差的反应。这些适得其反的效果可以简单地描述为"1+1<1"或协同作用的反面。当两种政策的综合影响小于单个政策的效果时，就会出现适得其反的效果。从政策有效性的角度来看，这种适得其反的效果往往是不受欢迎的。这是显而易见的。例如，当命令和控制监管与自愿服从一起使用时，就会出现适得其反的效果，两者都会损害对方的有效性。因此，当前政策设计思维中的一个重要因素是尝试最大限度地实现相辅相成的附加努力，同时最大限度地减少适得其反的努力，并抵消"在没有任何整体意识设计的情况下开发政策组合"的情况。

第五节　政策一致性的展望

在分析两个或多个政策的执行时，首先要解决的问题是"执行什么"，即政策一致性的概念。其次，政策一致性的影响因素和作用机制是什么，即政策一致性的理论探讨和内容解释。再次，我们用什么方法来研究政策一致性，是定性案例还是数据量化。最后，宏观政策一致性还是一个最为前沿的研究，关于一致性的执行和评估还有待深入挖掘。

一 概念的丰富与整合

未来研究的第一个新方向是政策一致性的概念。一方面，需要丰富和协调一致性概念的多样性，以实现不同研究领域的交叉融合，并有利于不同政策领域中基本相似的经验现象的知识积累。这种方法对于比较不同政策问题和/或国家的研究项目特别有用。对政策一致性的这种多方面认识可能有助于更好地理解与政策一体化相关的不同经验现象之间的协同作用和权衡。这种类型的概念发展与深入的案例研究尤其相关。另一方面，精简"整合"丰富的概念是值得的，这可以提高概念的准确性，并有助于对所研究的现象进行细致入微的理解。总体而言，整合概念应该能够服务于一致性的分析目标，但更清楚统一的概念和内涵将更有利于宏观政策的制定和执行。

二 理论的发展与解释

未来研究的第二个新方向是政策一致性的理论。宏观政策一致性是公共政策最为重要的一部分，位于政府行动的核心。但从国内外文献来看，宏观政策一致性的研究仍处于早期阶段。如何激活合法性权力来塑造宏观政策一致性，利用正式和非正式规则和资源，促进政策制定者、管理者和参与者的互动是今后理论研究的重点。在此背景下，进一步的研究可以考虑更明确地实施针对一致性的解释。这种解释方法将帮助我们更好地确定不同类型的政治行为体在政策进程的特定阶段可以促进宏观政策取向一致性的条件。它还可能为我们提供对政策过程不同阶段的有效政策整合障碍的更广泛和现实的概述。最后，它可以解释属于不同政策子系统（具有不同价值观、利益和惯例）的参与者之间的冲突如何沿着政策整合过程的不同维度发挥作用。

三　方法的定性与定量

未来研究的第三个新方向是政策一致性的方法。文献资料的研究表明，大多数政策一致性研究都依赖于定性案例研究方法。这些方法在确定政策一体化随时间的详细发展和相关因果机制方面具有优势。其为我们提供了对起作用的主要因素、要素和机制的广泛概述，我们当然鼓励研究人员继续采用定性和更案例化的方法，提供政策一致性的更多信息。这些研究对个别案例中详细机制的识别，可以强有力地测试围绕政策整合的一些主要机制，以确保不同背景下的外部有效性和普遍性。当然，今后的研究需要更多量化的研究，使用人工智能、回归分析、社交网络分析、话语网络、定量文本、机器学习等方法。这就需要简化和依赖假设，因为政策一体化的许多情况是不可比的，它们意味着不同的政治机构、不同的参与者、不同的政策部门等。总之，政策一致性的研究应该通过不同方法之间的持续对话来完善自己的体系。这种对话很可能不会发生在一项研究中，而是发生在研究计划的层面上。因此，我们认为未来的研究应该旨在更好地将定性方法与更前沿的定量方法结合起来（Trein et al.，2023）。

四　实践的执行与评估

目前，大多数关于政策一致性及相关概念的研究都没有提及政策过程的具体阶段。只有较少的一致性文献明确提到了政策制定和议程设定的阶段。仅有不到 30% 的文献提到了一致性进程中的政策执行。我们认为，综合政策的成功执行是一个重大挑战，因为将不同政策子系统的政策目标和工具整合到一个共同的政策方案中并不一定能解决执行机构层面的协调问题。现有关于一致性研究的文献中更缺乏与政策评估或反馈效应相关的研究内容。首先，在政策层面，需要系统评估政策一体化改革是否达到了预期目标，以及如果未能达到预期目标，原因是什么。其次，在系统层面，重要的是要考察政策整合在多大程度上形成了更加连贯和全面的治理安排，并评估政策子系统之间的冲突是否会因为此类改革而减少。最后，关注反馈效应可能有助于理解政策一体化随时间的动态变化、潜在的意外影响以及自我强化或自我破坏的倾向。值得注意的是，我们的回顾强调，政策整合研究的问题并不一定是缺乏对执行的关注，而是我们需要更多地了解这些政策的评估及其反馈效果（Trein et al.，2023）。

我们将宏观政策一致性定义为一个政治进程，需要政策制定者和执行者在不同的子系统之间进行协调，将不同部门的政策工具进行组合，以对一致性进行执行和评估，从而解决政策系统的艰巨性与复杂性问题。特别强调的是，政策一致性并不是一劳永逸地解决问题的短期战术，而是一个需要长期艰苦的政治努力来克服众多部门政策阻力的战略过程。

第三章　政策宣传与政策执行

长风破浪会有时，直挂云帆济沧海。

——（唐）李白

　　较之西方语境，"发布会"在中文中更为常见，通常指的是一种信息发布会或媒体发布会，主要是政府、企业或机构为了向媒体或公众透露相关信息、政策、决策等，而组织的一种非正式、较为轻松开放的会议，会议一般允许记者提问。会议的目的一是政策"预热"，发布政策相关重要信息、阐释解读，或在政策出台前预告相关活动，同时便于观察社会舆论反应；二是政策"科普"，借助政策媒体的宣传解读，帮助公众了解相关领域的最新动态或政策诉求，提高政策透明度，从而最大限度地提升政策执行效果和社会认同度；三是政策"优化"，通过围绕政策内容的交流与舆论发酵，吸收社会各界的意见与建议，从而对政策进一步调适优化。在国际交流中，类似会议可能被称为"新闻发布会"、"媒体发布会"或"信息发布会"等，虽然具体称呼可能因地区和行业而异，但基本目的和形式是类似的，都是为了政策更有效地执行和推广（Van Meter & Van Horn，1975；Spillane et al.，2002；Honig，2006）。

国务院新闻办公室举行的新闻发布会主要向公众介绍国家层面或重点领域重要政策的制定背景、决策依据、出台目的、创新性做法，是我国特有的政策解读—回应关切的治国理政机制。这一创新之举，有助于进一步提高政务公开的针对性、规范性和实效性，有利于政策推广落实和不断完善，彰显政府信息公开理念的与时俱进和深化，有力回应人民群众对政务公开的现实需求，真正做到"民之所盼，政之所向"（贺东航、吕鸿强，2019；陈尧，2023；韦冬雪、宋甜甜，2023）。

第一节 理解政策宣传与政策执行的深层逻辑

国务院政策宣传规范的出台，是国家提高治理效能、转变治理风格的积极尝试与主动担当，是对人民至上理念的不懈追求。实现更透明、更广泛、更彻底的政务信息公开，体现了人民政府的价值取向和施政原则。现实的矛盾在于，公众对政务公开的要求与政府实现水平之间存在较大差距。公共政策事关公众福祉，考量政策出台后的利益影响、舆论影响、社会影响等，乃是题中应有之义（McLaughlin，1987；Matland，1995）。众多事实证明，政策的制定与执行必须保持"效果意识"——公共政策不仅要制定好，还要解释好、执行好（费必胜、李祖平，2020；丁煌，2002；陈家建等，2013）。因此，与其事后花费巨大精力去解释，不如提前召开政策宣传会"主动出击"、说明沟通，进行释疑解惑和介绍说明，从被动变主动，这本身也是作风转变的体现。政策宣传会机制的创设与坚持，正是我国政府坚持以人为本、保障政府权力在"阳光下运行"的生动体现。

政策宣传会虽然只有短短一两个小时的发布现场，但"一纸飞鸿传万家"，通过感性认识上升到理性认识，政策宣传会的场域里蕴含丰富的治国理政逻辑。宣传会体现的政策逻辑在于，其一，主体和媒体的"双向互构"逻辑。由政策主体发起，通过与政策媒体等参会者进行交流互动，就政策内容进行深入解读和探讨，对相关政策、决策等进行清晰阐释，以便媒体和公众可以更好地理解和接受新政策。其二，目标和语言的"内外耦合"逻辑。国务院政策宣传会都是面向重大部署、重点内容、人民关切的政策内容进行发布，也就特别需要精准、有效的政策语言进行宣传和外化。其三，执行和监管的"双链交织"逻辑。政策落实和政策监督是一枚硬币的两面，是一体而交互的。政策组织和监管机构共同建立起一个有效的监督机制，保证政策执行的透明度和合法性。这有助于防止滥权和不当行为，确保政策的公正性和公信力。其四，治国理政的"和合"逻辑。主体和媒体的互构、目标和语言的耦合、执行和监管的交织，都体现了中国优秀传统文化中的"和合"理念——和睦同心、齐心合力，全心全意为人民服务，更好实现最广大人民的利益，这正是我国政府治国理政的根本逻辑所在。

第二节　政策主体与政策媒体的"双向互构"

政策主体，如政府各部门，利用政策媒体发布最新的政策信息。政策媒体则确保这些信息的及时性和准确性，通过广泛的宣传，提高政策的知晓率和公众的参与度。这种信息发布与宣传的方式，构建了政策主体与政策媒体之间的基本互动框架（Dunn，2015；Weimer & Vining，2017；Fischer & Miller，2017）。

一　政策主体：权威解读

政策宣传会原则上应由政策主要制定部门出席并解读。政策制定过程往往受到内外多种因素的影响，复杂多变且难以预测。因此，对于政策决策的单向度思维是一种具有误导性的简化。当我们深入决策过程时，会发现存在多种政策策略的衡量和选择，政策制定者的认知和行为、他们面临的问题、他们遇到的政策对象以及他们的决策结果往往差异很大（Lindblom，1968；Birkland，2019；Wallace et al.，2020）。政策往往因地区、政治制度、时间和政策问题的不同而有所不同。这就是为什么大量文献都是采用案例研究方法来分析阐释具体的公共政策。

在研究公共政策时，政策制定者面临的最基本的问题是：公众想知道什么？政策目标是什么？采取了哪些措施？以及如何更好地理解所发生的事情？因此，根据"谁起草、谁解读"的原则，政策主体在政策发布初始阶段，依托政策媒体发布平台，组织举办"政策宣传会"，以新闻发布会的形式对政策措施进行深度解读和全面介绍，主要包括政策制定背景、决策依据、出台目的、征求意见情况、重要举措等。涉及群众切身利益及重大公共利益的，要说明出台依据及合法性、合理性；对政策性文件中的关键词、专业术语及可能引发社会公众误解、疑问、质疑的内容，可邀请专家阐释解读；对原有政策进行修订的，要说明修订理由、新旧政策衔接和差异等情况；其他需要说明的重要事项。

二　政策媒体：宣传矩阵

在公共治理的过程中，发布新的政策、出台新的规定性文件是一种常态做法，出现频率极高。因为新政策和新规定涉及公众切身利益，外界关注度极高，其施行的效率性和公平性，取决于政府规章、规定性文件和重要政策性文件的合理性和有效性，取决于政策规定的公开性和共识度（Roe，1994；Bacchi，2009；Wildavsky，2017）。以信息公开形成最广泛的社会共识，既是保障公众权利的必然要求，也是行使公共权力的现实选择。政务公开的水平和质量，向来是衡量一个地方治理水平和营商环境的重要指标。尤其在当前环境严峻复杂、经济高质量发展的背景下，建立政策宣传会机制，完善政务公开的方式方法，更是塑造确定性环境不可或缺的制度支撑。在政策执行过程中，政策媒体第一时间通过对政策的理解、编辑和转译起到引导社会舆论的作用，有助于维护社会稳定和公共利益。这种形象塑造与舆论引导的互动，拓宽了政务信息发布的渠道，在传递党和政府声音的同时，也在政府和社会之间搭建了信息互通、资源互享、情感互融的桥梁与纽带，让每一环节、每一过程都在阳光透明环境中运行，让政策真正在一种双向互动中得以推广和执行。让政策公开成为自觉，让透明成为常态，在探索中完善，在互动中精进，必将切实提升政府服务能力和水平，进一步消除疑虑、化解矛盾、凝心聚力。

三 政策主体与政策媒体的"场域共建"

政策主体和政策媒体之间通过在政策宣传会"场域"内外的建构、互构、解构、复构等双向互动关系实现了政策的明确解读和回应关切。首先，政策主体和政策媒体在"宣传会"现场这个"具象场域"中进行"交互"。政策主体首先通过官方文件、新闻发布会、政策说明等形式对政策进行权威解读和信息发布，确立政策的官方解释框架和宣传基调。这是政策逻辑构建的起点，为媒体确定了报道的基本素材和解读方向。媒体作为政策信息的"二传手"和政策执行的"助推器"，根据其专业判断、受众偏好、新闻价值等因素，对政策信息进行选择、加工和解读，形成面向公众的报道内容。这一过程可能强化某些政策点，也可能忽略或重新诠释政策的某些方面，从而影响公众对政策的理解和感知。其次，政策媒体和人民群众之间通过"电波"这样的"信息场域"实现了"交互"。媒体的宣传报道影响公众对政策的认知，进而产生并收到公众反馈，包括意见、情绪、行动等。这些反馈通过各种渠道（如社交媒体、访谈调查、公开评论、批评意见等）再次传递给政策主体和政策媒体，成为政策调整和媒体报道方向改变的输入信息。这一过程体现了自上而下的政策运作，又通过政策媒体，实现了自下而上对于政策的响应和影响，形成了政策主体与政策受众之间的"双向赋权"。政策主体、政策媒体和政策受众在"虚实"场域中的充分互动不仅塑造了彼此的行为和策略，也共同塑造了政策场域的结构、规则与整体环境。

第三节 政策目标与政策语言的"内外耦合"

国务院履行政府经济调节、市场监管、社会管理、公共服务、生态环境保护等职能，坚持稳中求进工作总基调，统筹发展和安全，充分发挥市场在资源配置中的决定性作用，更好发挥政府作用，推动有效市场和有为政府更好结合，创造良好发展环境，维护社会公平正义，扎实推进中国式现代化建设。

一 政策目标：人民至上

国之大者，人民至上。治国理政的首要逻辑是坚持和发展中国特色社会主义，这一逻辑在国务院政策宣传会中得到了充分体现。国务院政策宣传会的内容涵盖了多个领域，从经济发展、市场监管、民生保障到环境保护等，体现了政府全面深化改革的决心和对社会各领域的细致关怀，是全过程人民民主的生动实践。

（一）法律法规及相关政策解读

全面依法治国是治国理政的重要方略。国务院政策宣传会也体现了依法行政、依法决策的重要性。政府通过推进完善法律法规架构、严格执法等措施，来维护社会公平正义和人民群众的合法权益。同时，政府还注重加强法治宣传教育，提高全社会的法治意识和法治素养，为全面建设社会主义现代化国家提供有力的法治保障。

（二）经济高质量发展

推动高质量发展是新时代中国特色社会主义的重要任务之一。在国务院政策宣传会中，政府提出了多项措施来推动高质量发展，这体现了治国理政中稳中求进的经济政策逻辑。面对国内外复杂多变的经济形势，要加强创新驱动、优化产业结构、深化改革开放等。这些措施的执行旨在提高经济发展的质量和效益，增强国家的核心竞争力和可持续发展能力。

（三）全国统一大市场

政策宣传会中多次提及市场建设、内外贸一体化、自贸试验区等政策。会议强调，要加快建设高效规范、公平竞争、充分开放的全国统一大市场，这是中国特色社会主义市场经济的重要组成部分。通过拆"篱笆"、换"土壤"，破除地方保护主义和不当市场干预，构建一个更加公平、开放的市场环境。

（四）对外开放与外商投资

对于外商投资，国务院政策宣传会提出了拓展对外开放广度和深度、提升投资经营便利化水平、加大外商投资引导力度以及强化外商投资促进和服务保障工作等四项主要政策。这些政策旨在优化外商投资环境,进一步吸引外商投资,并加强对外商投资的监管和服务。

(五)环境保护与可持续发展

政府通过《空气质量持续改善行动计划》《碳排放权交易管理暂行条例》《关于坚定不移推进长江十年禁渔工作的意见》《节约用水条例》等内容,传达了对环境保护的重视。这表明政府在追求经济增长的同时,也注重生态环境的保护和可持续发展。

(六)民生保障与社会发展

国务院政策宣传会所传递的一个重要信息是坚持以人民为中心的发展思想。从政策宣传会内容可以看出,政府高度重视民生问题,如消费者权益保护、疾病预防控制等。这些政策旨在提高人民的生活质量,体现了政府以人为本的执政理念。在政策制定和执行过程中,政府始终把人民利益放在首位,通过优化公共服务、加强民生保障、推动共建共治共享等措施,来不断提升人民群众的获得感、幸福感和安全感。

二 政策语言:精准生动

政策宣传会的语言不同于一般的政策语言,是政策目标的生动外化和亲切表达。一般的政策语言要求兼具精确化与标准化,虽然在特定时空环境中，一次会议往往聚焦一项政策方案或政策执行的某一方面，而缺乏系统性以及对政策环境、政策对象、政策适用时空的全面介绍。但国务院政策宣传会的语言风格一直比较生动活泼、易于理解，现场答问中亦有不少生动的比喻或与社会热点的巧妙呼应，将精准严格、注重标准化的政策语言巧妙转化为易于理解传播、"接地气"的媒体语言，很大程度上预防了媒体和社会公众对政策语言的误解、误用，充分拉近了我国政策与国际社会、中国老百姓之间的距离，有助于全面、准确、有效地理解和落实政策。

（一）前瞻性

在政策宣传会中，政府经常使用前瞻性的语言来描述政策的预期效果和未来发展。如长江十年禁渔"一年起好步、管得住，三年强基础、顶得住，十年练内功、稳得住"，这种语言特点旨在向公众展示政府的远见和规划，增强公众对政策长期效果的信心。

（二）权威性

作为政府官方发布政策的平台，政策宣传会的语言具有权威性。政府在阐述政策时，语气坚定，表达了政府对政策的信心和决心。如规范监督罚款时说"办理一案、治理一类、影响一域"，这种权威性有助于增强公众对政策的信任和认可。

（三）准确性

政策宣传会所使用的语言首先体现了准确性。政府在发布和解读政策时，采用精确、专业的措辞，以确保信息的准确无误。如说明外籍境内支付渠道主要包括"大额刷卡、小额扫码、现金兜底"，这种准确性不仅体现在对政策内容的描述上，还包括对数据、统计和预期的准确表达。

（四）通俗性

尽管政策内容可能涉及复杂的专业知识和数据，但政策宣传会在表达上尽量采用通俗易懂的语言，以便让更广泛的公众理解和接受。如服务宣传活动"上墙上网上媒体、进家进院进社区"，这种通俗性的语言特点有助于政策的传播和执行。

（五）互动性

政策宣传会的语言还体现了政府与公众之间的互动性。如与人大代表、政协委员的沟通由"文来文往"转变为更加注重"人来人往"，政府通过提问、解答等方式与公众进行沟通交流，这种互动性的语言有助于增强政府与公众之间的联系和理解。

三 政策目标与政策语言的"内核外化"

政策目标的内在价值与政策语言的外化表达之间存在"内外耦合"逻辑（Lucas，1976；Athey & Imbens，2017）。具体指的是政策制定的核心目的、理念、价值取向与其通过文字、符号、话语等方式向公众、执行者及利益相关方传达的过程（外化表达）之间紧密相连、相互影响的关系。政策制定之初，需要有清晰的目标设定，这些目标蕴含着政策的核心价值和战略意图，构成了政策的内在逻辑。这一内在逻辑必须足够明确和具体，才能在转化为政策语言时保持其原意不易被曲解。政策语言是内在逻辑的载体，需要准确、清晰地传达政策意图，同时考虑到受众的理解力和接受度，采取适当的修辞手法和表达策略，以增强政策的可接受性和可操作性。这一过程体现了从政策目标到政策文本的转化艺术，是内外耦合的关键环节。在政策语言外化过程中，必须确保政策表述与内在目标高度一致，避免因语言表述不当导致政策意图被误解或扭曲。政策语言的外化还需考虑文化背景和特定情境，使政策目标能更好地融入社会现实，增强政策的适应性和有效性。这要求政策制定者在表达时具有高度的文化敏感性和情境意识。内外耦合的最终目的是通过精确、恰当的政策语言，促进各利益相关方对政策目标达成共识，激发行动意愿，确保政策的有效执行和社会目标的达成。

第四节 政策执行与政策监管的"双链交织"

政策执行与政策监管是公共政策过程中不可分割的两个环节，它们之间的相互作用构成了政策执行的完整链条（卢丛丛，2024）。理解这种"双链交织"的关系，对于提高政策效果、实现治理目标具有重要意义（Ball，2012；Sabatier & Weible，2014）。

一 政策执行：真抓实干

"一分部署，九分落实"强调的是，在政策过程中，制定政策只是整个过程中的一小部分，而真正的关键在于如何有效地将政策转化为实际行动并取得预期效果（丁煌，2002；钱再见、金太军，2002；贺东航、孔繁斌，2011）。例如，2024 年 4 月 11 日，国务院新闻办公室举行政策宣传会，介绍《推动大规模设备更新和消费品以旧换新行动方案》有关情况，国家发展改革委副主任赵辰昕正是以简明有力的方式重点介绍了政策执行的具体贯彻落实方案，内容总结如下："既要充分发挥市场在资源配置方面的决定性作用，也要更好发挥政府作用，打好政策组合拳。一是建立推进工作机制，加强统筹协调，做好部门间的协同，而且要强化央地联动，形成推动工作的强大合力。二是出台具体实施方案，部署'1+N'政策体系，实施设备更新、消费品以旧换新、回收循环利用、标准提升'四大行动'。三是加大政策支持力度，安排中央投资等各类资金，支持符合条件的设备更新和回收循环利用项目。四是营造良好环境，坚持节能降碳、环保、安全、循环利用等标准。"

政策执行是一个复杂的变革过程，在这一过程中，政府决策转变为旨在改善社会的计划、程序、法规或实践。长期以来，执行一直被认为是政策过程中的一个独特阶段，其独特之处在于代表了政策理念或期望向旨在解决社会问题的行动的转变（Lester & Goggin，1998）。政策执行是一个随时间变化发展的过程，各级机构、组织及其参与者共同行动，并受到整个政策环境的影响。一个合理、高效的执行程序能够确保政策意图得以准确、及时的实现，从而达到政策制定的目标。公开、透明的政策执行程序有助于公众了解政策的具体执行过程，增强政策的公信力。这也有助于减少腐败和权力寻租的空间，提升政府形象。明确的政策执行程序可以为利益相关者提供一个清晰的参与框架，促进他们与政府机构的沟通和合作。这种参与和合作有助于提高政策的社会接受度，减少执行阻力。

二　政策监管：阳光运行

政策执行和政策监管被认为是政策过程中两个紧密关联的阶段，被称为同一枚硬币的两个面（Smith，1973；O'Toole，2000；DeLeon & DeLeon，2002）。从政策监管的角度来看，基层政策执行者在政策落实过程中发挥着关键作用，他们不仅是政策执行的直接行动者，也在一定程度上拥有自由裁量权，这种权力的行使会受到多种因素的影响，如信息时代的变化、资源的分配和依赖程度等。这些因素共同构成了政策执行的复杂权力网络，其中包括了结构与行动者（structure and agency）、网络与环境（network and environment）、网络与结果（network and outcome）等多重辩证关系。但正因为有着复杂的权力网络，所以特别需要政策的监督和管理。

例如，在 2024 年 2 月 26 日举行的《碳排放权交易管理暂行条例》发布会上，生态环境部副部长赵英民表示要严厉打击碳排放数据造假、遏制虚报瞒报碳排放数据等行为，内容总结如下："真正长出了'牙齿'，可以总结为六个字，就是：严控、严查、严罚。严格控制主要体现在：明确相关机构和人员禁止事项和处罚措施，通过配套制度规范，持续压减数据造假空间，通过建设完善全国碳市场管理平台，利用区块链、数字化技术手段，保证数据无法篡改。严肃督查主要体现在：通过全国碳市场管理平台大数据筛查异常数据，通过投诉举报发现问题线索，在此基础上进行现场检查核实，对发现的问题线索不查清绝不放过，问题疑点不查清绝不放过，问题整改不到位绝不放过。严厉处罚主要体现在：明确各相关部门的监管职责，对碳排放数据弄虚作假'零容忍'，严惩重罚，公开曝光违法违规行为。"

因此，从国务院政策宣传会的政策监管来看，政策监管是确保政策正确执行的保障机制，国务院各部门要充分发挥督查抓落实促发展的作用，完善督查工作机制，创新督查方式，加强统筹规范、联动协同，增强督查的针对性和实效性，防止重复督查、多头督查，减轻基层负担。政策监管涉及对政策执行情况的监督、评估和反馈，以及对执行过程中出现的问题进行调整和修正。有效的政策监管需要充分接入理论与实践，通过多视角的分析来探索政策执行的深层次问题，并以此为基础进行政策供给的支撑。

三　政策执行与政策监管的"向阳共生"

政策执行与政策监管的"双链交织"逻辑指的是在政策执行过程中，执行与监管两个环节相互依赖、相互促进、不可分割的关系（Gormley，1983；Knill et al.，2012）。这一逻辑强调了政策执行的实效性和政策监管的必要性，以及两者如何通过相互作用共同推动政策目标的实现。执行是基础，监管是保障。政策执行是将政策意图转化为具体行动的过程，是政策目标得以实现的直接途径。而政策监管则是对执行过程的监督和控制，确保执行活动符合政策设计的初衷和标准，防止偏离、失误或腐败。两者相辅相成，缺一不可。政策执行过程中产生的大数据和海量文本，是政策监管的重要依据。监管机构通过收集、分析执行情况，构建大模型和文本分析模型，及时发现执行中的问题和不足，反馈给政策制定者和执行者，促进政策的适时调整和优化。同时，为了确保执行质量和效率，政策监管需明确各级执行主体的责任，建立科学合理的绩效考核体系。通过考核评价执行效果，不仅可以激发执行主体的积极性，还能发现执行中的薄弱环节，为有针对性的监管提供方向。政策监管还需要具备风险预警功能，通过对执行过程的实时监控，提前识别潜在问题和风险，及时发出预警，指导执行部门采取预防措施。对于已发现的问题，监管机构需督促执行方进行整改，确保政策目标不受影响。

第五节　理解政策逻辑，讲好政策故事

政策宣传会这一创新之举，有助于进一步提高政务公开的针对性、规范性和实效性，彰显了政府信息公开理念的与时俱进和深化，有力地回应了人民群众对政务公开的现实需求，体现了我国国家治理能力的提升。各级各部门按照准确、高效、简单的原则，顺应时代潮流，回应人民关切，不断调整优化公开内容，创

新展现形式，确保社会公众看得到、听得懂、能理解、好落实，让传递出的政策信息含金量更高，服务成色更足，落实更加到位，真正实现政务公开利企便民。当前，我国政务公开工作已进入深化阶段，包括政策解读在内的各项政务公开工作也需要随之优化。对于进一步加强政策发布、宣传、解读工作，提升政策过程的透明度来说，政策宣传会机制是一种较为新颖有效的公开机制，对于地方政府、重要部门机构等具有复制推广价值。同时，对政策宣传会的理论解读，对于我国政策理论研究的本土化以及构建中国政策话语体系具有积极推动作用（周雪光、练宏，2012；周志忍、蒋敏娟，2013）。

通过对政策宣传会的感性认识，我们可以看到，这是一种更加适应新时代需求的、国家与社会相互赋能的政策制定与执行框架，体现出我国治国理政的深层政策逻辑。政策主体解读与政策媒体宣传的"双向互构"逻辑，政策目标的内在价值与政策语言的外化表达之间的"内外耦合"逻辑，以及政策执行落实与政策监管督促的"双链交织"逻辑，这些因素在交织互动中凝聚成强大合力，体现为中国传统治国理政的"和合"逻辑——和睦同心、齐心合力，呈现具有中国特色的国家治理文明新形态。这一新形态展现出中国共产党的智慧，体现了中华文化的智慧，更对人类发展和世界文明做出了重要贡献，必将推动社会整体向更高质量、更高水平的文明形态迈进。

党的二十届三中全会通过的《中共中央关于进一步全面深化改革　推进中国式现代化的决定》中提出，"完善新闻发言人制度。构建适应全媒体生产传播工作机制和评价体系，推进主流媒体系统性变革。完善舆论引导机制和舆情应对协同机制"。截至2023 年 12 月，我国网民数量达到 10.92 亿人，互联网普及率达77.5%。网络是一把双刃剑，一张图、一句话、一段视频经由全媒体发酵扩散，几个小时就能形成"爆发式"传播，对政治、经济、社会产生巨大影响。通过对近年来国务院政策办公室举行的政策发布会、宣传会以及一些政策发布、政策变动引起的网络舆情案例进行分析发现，一些领导干部在面对网络舆情时缺乏基本培训和专业素养，往往初时毫不在意、态度轻慢，后来或慌乱失措或只知回避，导致舆情事件激化失控。习近平总书记曾强调，"各级领导干部要学网、懂网、用网"。要解决好"本领恐慌"问题，真正成为运用现代传媒新手段新方法的行家里手。在经济社会不断调整、人民群众受教育水平不断提高、全民自媒体不断发展的新形势下，政策宣传全网发酵扩散的规律性特征可以总结为以下几点。

政策主题的民生性。当今舆情事件往往围绕某一核心议题迅速聚焦，形成强大的舆论力量。这些议题通常与民生问题、社会公正、公共事件等密切相关，涉及教育、医疗、住房、环保、食品安全等民生问题，能够迅速引发公众的广泛关注和跟进。政策的聚焦性使相关信息在短时间内被大量转发和评论，从而推动舆情迅速发酵扩散。

政策扩散的爆发性。新媒体时代，信息传播速度加快，舆情的发生往往具有瞬时性，即舆情可能在一瞬间就被触发，没有任何明显的预兆或影响因素。这主要得益于信息源的丰富性和传播的便捷性，任何人都可以借助互联网迅速传播信息，导致舆情的爆发难以预测和防范。新媒体的迅速发展对政策的传播和扩散起到了关键作用。一方面，新媒体平台如微博、微信、抖音等提供了低门槛、碎片化的传播方式，使信息传播更加便捷和快速；另一方面，移动互联网的普及使信息传播渠道更加丰富和多元，形成了"无障碍、即时性、全媒体、全通道"的传播景象。这种传播模式极大地加速了政策的发酵扩散过程。以微博、微信为代表的社交媒体，以播客、视频网站为代表的自媒体平台，以及贴吧、论坛等言论社区，共同构成了舆论生态圈的基础。这些平台在舆论的形成、扩散、深化和转移方面发挥着决定性作用。舆情事件往往首先在社交媒体曝光传播，迅速引发网民围观和讨论，进而形成强大的舆论压力。特别是在某些特定时间段（如节假日、重大活动前后等），舆情事件往往更加频繁地发生和发酵扩散。

政策回应的质疑性。政策回应是政府、企业或组织在面临公众质疑、批评或不满情绪时采取的一种主动沟通策略。通过政策回应，相关主体能够对外传达自身对问题的真实看法和态度，展示对媒体及公众的诚信和尊重，从而有效化解不利影响，提升社会形象和信任度。政策回应是危机管理中的关键一环，对维护组织声誉和稳定公众情绪具有重要作用。但政策回应中公信力的丧失是一个比舆情本身更严重、危害更大的至关重要的问题。（1）信息不透明与隐瞒事实。当面对舆情事件时，如果相关主体选择隐瞒关键信息或提供模糊、不准确的回应，将直接导致公众对其公信力的质疑。公众期待的是真实、全面、及时的信息，任何形式的隐瞒或误导都会加剧公众的不信任感。例如，在某些突发事件中，如果政府或企业未能及时公开关键信息，而是通过"捂盖子"的方式试图平息事态，这种做法往往会适得其反，进一步损害公信力。（2）回应速度迟缓。在信息爆炸的时代，舆情事件的传播速度极快。如果相关主体在舆情发生后迟迟不做出回应，或者回应速度明显滞后于公众预期，将给谣言和不实信息留下传播空间。公众会认为相关主体缺乏应对危机的能力和决心，从而对其公信力产生怀疑。因此，及时、快速的政策回应是维护公信力的关键。（3）回应态度冷漠或傲慢。政策回应不仅是对事实的解释和澄清，更是对公众情感和态度的回应。如果相关主体在回应中表现出冷漠、傲慢或敷衍的态度，将严重伤害公众的感情，进而损害公信力。公众期待的是真诚、平等、尊重的沟通方式，任何形式的傲慢和轻视都将加剧公众的不满和质疑。（4）回应内容不实或自相矛盾。在政策回应中，如果相关主体提供的信息不实或自相矛盾，将直接导致公众对其信任度的丧失。公众对信息的真实性和准确性有着极高的要求，任何形式的虚假信息或自相矛盾的说辞都将使相关主体陷入信任危机。因此，确保回应内容的真实性和准确性是维护公信力的基础。（5）缺乏有效的后续跟进和整改措施。政策回应不仅是对当前事件的回应，更是对后续整改措施的承诺和跟进。如果相关主体在回应中只是简单地否认或解释事实，而没有提出具体的整改措施和后续跟进计划，将使公众对其解决问题的能力和决心产生怀疑。公众期待的是实际行动和具体成果，而不是空洞的承诺和敷衍了事。

政策宣传的情绪性。一些政策主题往往能够迅速激发网民的情绪共鸣和集体行动。当一起事件触及公众的利益或情感时，网民往往会通过转发、评论等方式表达自己的观点和态度，形成强大的舆论力量。这种情绪共鸣和集体行动是推动舆情迅速发酵扩散的重要因素之一。公众在面对特定事件或议题时，会对政策表达出强烈情感和情绪释放。这种情绪性往往源于公众对事件或议题的关注、担忧、不满或愤怒等情绪积累，需要通过舆情渠道进行宣泄和释放。在现代社会中，人们面临各种压力，包括工作压力、生活压力、社会不公等。这些压力和不满情绪在特定政策或议题的触发下，容易转化为舆论情绪的宣泄。这种情绪的传染效应使舆论情绪的表达更加剧烈和难以控制。舆论情绪往往具有如下特点。（1）强烈性。舆论情绪的表达往往比较强烈，如愤怒、不满、焦虑等。这些情绪在舆情中得以充分释放，形成强烈的舆论氛围。（2）非理性。在舆论情绪的表达过程中，公众往往容易受到情绪的影响，而忽略事实真相和理性分析。这种非理性情绪可能导致舆情的失控和偏激。（3）群体性。舆论情绪的表达往往不是个体行为，而是群体行为。公众在舆情中形成共鸣和共同情绪，使舆论情绪的表达更具群体性和影响力。

政策影响的长久性。不同性质的政策事件，其影响的长久性各不相同。一些涉及社会敏感话题、公众切身利益或重大公共事件的政策，由于其本身具有的重大性和广泛性，往往能够在公众中引发持久的关注和讨论。例如，食品安全政策、生态环境政策、社会治安政策等事件，不仅直接关系到公众的健康和安全，而且涉及多个利益主体和复杂的社会关系，因此其政策影响往往具有长久性。一些重大且受到广泛关注的热点政策，由于其涉及的问题具有普遍性和深远影响，因而能够在社会上引发持久的关注和讨论。特别是：（1）政策信息传播的"摩斯代码化"倾向将凸显，如镜像文字、旋转文字、异形代码、谜语梗、音频输入、AI 转换等；（2）社会心态转变加速，将诱使矛盾有所转化和增加，如孤立事件热点化、社会事件政治化、正面宣传"负面化"等；（3）由群体争论、立场分歧造成的群体分化将成为一道难题；（4）政策工作部门的能力短板与大环境下的要求之间的矛盾日益凸显。

新形势下，政策宣传全网迅速扩散的规律性特征构成了当前政策宣传和政策执行的复杂局面，对政策制定者和政策执行者提出了新的挑战和要求。《中共中央关于进一步全面深化改革 推进中国式现代化的决定》强调，要健全常态化培训特别是基本培训机制，强化专业训练和实践锻炼，全面提高干部现代化建设能力。建议把政策宣传和政策执行的通识与专识教育纳入各级领导干部的基本培训体系中，增强应对复杂网情和热点舆情的能力。

政策宣传培训的承担部门。打造由政府指导，组织部门、宣传部门、网信部门专业规划，以各级党校为培训主体、其他干部教育培训机构为辅助的政策宣传培训体系。（1）组织部门、宣传部门、网信部门应共同制定政策宣传培训的中长期规划，明确培训目标和任务。加强对各级党校和其他干部教育培训机构的指导与协调。制定相关政策措施，鼓励和支持政策宣传培训工作的开展。加大对政策宣传培训工作的经费投入和资源配置力度。建立健全政策宣传培训工作的监督评估机制，定期对培训工作进行检查和评估。及时发现和解决培训工作中存在的问题和不足，提高培训质量和效果。（2）各级党校应坚持以习近平新时代中国特色社会主义思想为指导，贯彻落实党中央关于政策宣传工作的重要部署。充分发挥其在干部教育培训中的核心作用，将政策宣传培训纳入党校教学计划。聚焦主责主业，突出政治教育，同时加强政策宣传相关课程的开发和讲授。邀请政策行业的专家学者、资深记者等担任兼职教师，提高培训的专业性和实践性。既要注重政策宣传理论知识的传授，又要加强政策执行能力的培养。针对不同层级、不同岗位的政策工作者，设置具有针对性的培训课程，同时保持培训体系的系统性。不断创新培训方式和方法，提高培训的吸引力和实效性。（3）鼓励和支持高校、政策单位、研究机构等设立政策宣传培训项目或课程。通过合作共建、资源共享等方式，形成优势互补、协同发展的培训格局。

政策宣传培训的主要对象。（1）新闻发言人；（2）党政一把手；（3）重点领域、重要行业、重大事项的负责人；（4）党员领导干部。政府宣传部门、公关部门、企业传媒部门等的工作人员需要了解政策传播规律，提高政策宣传能力，以更好地进行信息传播和舆情管理。《北京市人民政府工作规则》（2023年）第三十一条指出："完善政府新闻发言人制度。要以主动做好重要政策法规解读、妥善回应公众质疑、及时澄清不实言论、权威发布重大突发事件信息为重点，切实加强政府新闻发言人制度建设，提升新闻发言人的履职能力。建立健全网络新闻发言人机制。"2016 年 2 月，中共中央办公厅、国务院办公厅印发《关于全面推进政务公开工作的意见》，要求领导干部带头宣讲政策，特别是遇有重大突发事件、重要社会关切等，主要负责人要带头接受媒体采访，表明立场态度，发出权威声音，当好"第一新闻发言人"。

政策宣传培训的基本体系。（1）政策通识教育。通识教育，又称"一般教育"、"普通教育"或"通才教育"，是一种非专业性的、广泛性的教育。它强调跨学科的学习，注重培养学员的综合素质和人文精神，以应对日益复杂多变的社会环境。通识教育的特点包括跨学科性、综合性、人文性和实践性。（2）政策专识教育。在政策宣传培训中，应设置丰富多样的专识教育课程。这些课程可以帮助政策从业者构建全面的知识体系，并为其专业学习提供坚实的基础。专识教育应注重启发式教学、讨论式教学和案例式教学等方法的运用。通过激发学员的学习兴趣和主动性，引导他们积极参与课堂讨论和实践活动，培养其独立思考和解决问题的能力。（3）除了课堂学习外，还应加强实践训练环节。通过组织实地考察、社会调查、政策实践等活动，让学员亲身体验政策工作的流程和要求，提高其政策宣传和实际操作的能力。

政策宣传培训的主要内容。（1）理论知识学习。通过系统学习政策宣传的基本原理，了解政策宣传的定义、分类和特征，掌握政策宣传的规范和伦理准则。这是政策宣传培训的基础，有助于确立正确的政策观念和职业道德标准。组织学习国家关于政策宣传的法律法规和执行文件，增强政策从业者的法治观念和法律意识，确保政策宣传与政策执行的合法合规性。（2）技能培训。通过模拟采访、参加新闻发布会等实践活动，培训政策从业者掌握基本的政策宣传方法和流程，包括倾听能力、记录要点、回答技巧、撰写政策稿件等。随着媒体融合的发展，政策从业者需要了解多媒体技术前沿动态，掌握 AI 合成、视频拍摄、图像编辑、音频处理等技能，加强社交媒体、微博、微信等新媒体平台的使用和管理。（3）案例分析与实践锻炼。选取典型的政策报道案例进行深入分析，探讨其成功与不足之处，帮助政策从业者从中吸取经验教训，提高政策宣传的质量和水平。鼓励政策从业者深入基层、深入实际，参与重大政策事件的采访报道。通过实践锻炼，提高其政策敏感性和实践能力，增强对政策过程的把握能力和执行能力。（4）职业道德与伦理教育。通过讲座、研讨会等形式，加强领导干部对政策伦理和职业道德的认识与理解。引导其树立正确的政策价值观和培养良好的职业操守，坚守政策真实性原则。强化领导干部的法治意识，明确其在政策宣传和政策执行中的法律责任与义务。通过案例分析、角色扮演等方式，培养其自觉维护政策传播秩序和社会稳定的能力。（5）交流与合作。定期组织政策发言人开展业务交流活动，分享工作经验和成功案例，促进相互学习和共同进步，以拓宽政策发言人的视野和思路，提高其综合素质和业务能力。鼓励政策发言人与其他领域的专业人士进行跨领域合作，共同开展政策报道和研究工作，以探索新的视角和思路，拓展政策报道的深度和广度。

政策宣传培训的应用与评估。（1）培训过程评估。评估培训内容是否科学、全面、实用，是否符合政策科学的发展趋势和实际需求。评估教学方式是否多样、灵活、有效，能否激发学员的学习兴趣和主动性。评估培训师资的专业水平、教学经验和教学能力，确保培训质量。（2）培训效果评估。通过考试、测试等方式评估学员对政策基础知识和政策执行规律的掌握程度。通过实践操作、成果展示等方式评估学员在政策宣传、政策执行等方面的提升情况。通过问卷调查、访谈等方式评估学员在职业道德与伦理方面的表现，包括其对宣传真实性原则的坚守程度、对政策执行过程的关注程度等。（3）综合评估。在评估过程中，应将定量评估（如考试成绩、作品评分等）与定性评估（如问卷调查、访谈记录等）相结合，以形成对培训效果的综合评价。根据评估结果，及时向培训机构和学员反馈意见，指导培训机构调整培训内容、优化培训方式。同时，鼓励学员根据自身不足加强学习，提升政策宣传和政策执行能力。对于评估中发现的问题和不足，应制定具体的改进措施并加以实施，以确保培训工作的持续改进和优化。

第四章　政策执行程序

一步实际行动比一打纲领更重要。

——〔德〕马克思

执行的自然是一项政策。在执行之前必须有一些东西；否则，在执行的过程中就毫无进展。像"implement"这样的动词必须有一个像"policy"这样的宾语。但政策通常既包含目标又包含实现目标的手段。那么，我们如何区分政策及其执行呢？Pressman 和 Wildavsky（1984）强调了一个不仅仅是语言相关性的问题："我们既不能采用排除任何执行的政策定义，也不能采用包含所有执行的政策定义。必须有一个起点。如果不采取行动，就无法执行。也一定有一个终点。如果没有目标来判断，执行就不可能成功或失败。"

第一节　程序正义

政策的执行是为了实现特定的社会、经济或政治目标。政策执行程序是政策从制定到落地的关键环节。一个合理、高效的执行程序能够确保政策意图得以准确、及时的实现，从而达到政策制定的目标。通过深入研究政策执行程序，可以发现并优化执行过程中的瓶颈和不必要的环节，从而提高执行效率。同时，明确的执行程序也有助于减少执行过程中的误解和偏差，提升政策执行的效果。公开、透明的政策执行程序有助于公众了解政策的具体执行过程，增强政策的公信力。这也有助于减少腐败和权力寻租的空间，提升政府形象。明确的政策执行程序可以为利益相关者提供一个清晰的参与框架，促进他们与政府机构的沟通和合作。这种参与和合作有助于提高政策的社会接受度，减少执行阻力。通过对政策执行程序的研究和总结，可以为未来类似政策的制定和执行提供宝贵的经验借鉴。这有助于提升政府机构的政策制定和执行能力，更好地服务于公众利益。明确的执行程序为政策监督和效果评估提供了基准。通过对照执行程序，可以系统地评估政策执行的质量和进度，及时发现问题并进行纠正，确保政策方向正确，实现预期的社会效应。研究政策执行程序不仅关乎政策本身的成败，也是提升政府治理能力、促进社会发展的关键所在。

第二节　政策执行程序框架

政策执行的具体程序与步骤可以归纳为以下几个阶段。

一　准备阶段

对政策进行深入的理解和分析，确保准确掌握政策的目标、内容和执行要求。设立专门的政策执行指挥部或领导小组，负责统筹和协调各部门的工作。明确指挥部的职责和权力，确保其能够有效地进行决策和调度。根据政策要求，结合实际情况，制订具体的执行计划，包括时间表、任务书、路线图等。确保有足够的资源和人力来执行政策，这可能包括资金、物资、信息、设备、人员等。对执行政策的工作人员进行必要的培训，提供指导和协助，提高其执行政策的能力和效率。

二　实施阶段

正式宣布政策执行的开始，确保所有相关方了解执行的开始时间和要求。建立标准化的操作流程和模块化的工作单元，便于复制、推广及调整，增强政策执行的统一性和灵活性。利用现代信息技术，如电子政务平台、大数据分析、人工智能等，提高政府内部的沟通和协调效率。在执行过程中，可能会出现部门间的冲突和分歧，政府需要建立有效的冲突解决机制。通过协商、调解、命令等方式化解矛盾，确保政策执行的顺利进行。将政策执行视为一个持续学习和改进的过程，根据评估结果和反馈不断调整优化执行程序，形成良性循环。将政策执行过程中的成功经验和典型案例进行分享，促进经验交流和传承，为今后的政策执行提供有益的参考和借鉴，提升政策执行的整体水平和效率。

三　总结阶段

通过设置关键绩效指标（KPIs）和监测点，对政策执行的关键环节进行实时监控，确保执行进度和质量符合预期。收集执行过程中的数据和反馈，利用数据分析工具对数据进行深入分析，以便及时发现执行中的问题。收集政策执行效果的反馈，包括公众、利益相关者以及执行机构的意见和建议。根据反馈情况，对政策进行必要的调整和优化，以提高政策的针对性和有效性。对政策执行过程中使用的资源进行回收和整理，确保资源的合理利用和节约。处理好与政策执行相关的文件和资料，做好归档工作，以备后续查阅和参考。详细记录执行过程中的关键事件和全部数据，定期向决策层报告执行情况，为政策执行的后续阶段提供支持。

第三节 政策执行的准备阶段

政策执行的准备阶段是政策执行过程中的起始阶段，它对后续政策执行的成功至关重要。在这个阶段，主要的任务是为政策的顺利执行做好充分的准备。以下是一些关键的准备步骤。

一 政策理解与解读

深入研究和理解政策的意图、目标和具体内容，确保所有执行人员对政策有准确的认识。要放在宏观经济、社会发展、政治环境等大背景下理解政策出台的动因，包括国内外形势、历史沿革、当前面临的挑战或机遇。抓住政策的核心目的和导向，理解政策想要解决的主要问题和期望达到的目标。了解政策所在的整体监管架构，包括其与现有法律法规、其他相关政策的关系，以及它在政策体系中的位置和作用。文本分析法是政策解读最基本的方法之一，通过对政策文件的语言、结构和表述等方面进行分析，提炼出政策的核心内容和主旨。通过政策的语言、措辞、强调点等，推断政策制定者的意图，包括长期愿景和短期目标。逐字逐句分析政策文档，注意关键字词、定义、标准、措施、时限等具体细节，理解其精确含义。分析政策可能对相关方（如个人、企业、市场、环境等）产生的直接影响和潜在的长远后果。了解政策的执行机制、责任主体、资源配置、时间表等，这关系到政策能否有效落地。

二　建立政策执行的组织体系

根据政策的性质和规模，设计清晰的组织架构。这可能包括决策层（如领导小组）、执行层（负责具体操作的各部门或团队）、监督层（如审计、评估部门）等。明确领导团队，通常由具有较高权威和协调能力的官员担任负责人，确保政策执行方向正确，资源调配高效。设立专门的政策执行指挥部或领导小组，负责统筹和协调各部门的工作。明确指挥部的职责和权力，确保其能够有效地进行决策和调度。确定主要负责政策执行的政府部门、机构或组织，并明确各自的职责范围。责任主体应具备执行政策所需的权威性和资源。建立跨部门或跨层级的协调机制，以应对政策执行过程中可能出现的交叉管理或利益冲突问题。这可能包括设立专项工作小组、联席会议制度等。详细规划各部门或小组的职责范围，避免职责重叠或空白，确保每个环节都有明确的责任人。根据职能需求选拔专业人才，组建高效团队。重视团队成员的专业背景、工作经验及团队协作能力。确保执行组织有足够的财政预算、办公设施、信息技术支持等资源，以满足执行需求。内部建立定期会议、报告制度等沟通机制，保证信息流通；外部则建立与相关部门、利益相关者及公众的沟通渠道。设计合理的激励措施，如表彰、晋升机会等，激发团队积极性；同时，建立严格的纪律约束和责任追究制度，确保执行力度。建立内部监督机制，实施定期自我评估；引入第三方评估或公众评价，确保执行过程透明、结果公正。

三 制订政策执行计划

根据政策的具体要求，制订详细的执行计划，包括时间表、责任分配、资源调配、风险评估等。明确政策目标和预期成果，确定政策旨在解决的核心问题、要达成的具体目标以及期望的社会、经济或环境效益。将总目标细分为可量化的阶段性目标，便于追踪和评估。深入分析与评估，进行 SWOT（优势、劣势、机会、威胁）分析，识别执行过程中可能遇到的障碍和挑战。评估所需资源（人力、财力、物力）及可用资源状况。分析政策受益方、受影响方及潜在反对力量，考虑利益平衡。设定执行策略与措施，根据政策目标和分析结果，制定具体可行的执行策略和措施。按照计划开始执行，定期回顾执行情况，根据反馈和评估结果灵活调整策略。保持政策执行的灵活性和适应性，确保政策目标达成。

四 政策资源物资配置

根据政策执行的需要，对组织结构进行调整，优化人员配置，确保有足够的资源和专业人才来执行政策。确保政策执行所需的人力、物力、财力等资源得到充分保障，并合理分配资源。政策资源物资配置是指在政策执行过程中，根据政策目标和实施计划，合理分配和使用必需的物资资源，以确保政策能够顺利推进并达到预期效果。（1）需求评估：需对执行政策所需的物资种类、数量进行精确评估，这要基于政策的具体内容、覆盖范围、预期影响等因素考量。例如，如果是一项基础设施建设政策，可能需要大量的建筑材料、机械设备等。（2）预算编制：根据需求评估，编制相应的物资采购预算，确保有充足的财政资源来支持物资的采购和分配。预算应考虑到市场价格波动、运输成本、储存费用等。（3）采购与供应：遵循公开透明的原则，通过招标、谈判等方式，从合格供应商处采购所需物资。同时，建立高效的物流供应链，确保物资及时、准确送达执行现场。（4）库存管理：合理设置仓库或存储点，对政策物资进行科学分类、编码、记录，确保物资安全存储，减少损耗，并能快速响应政策执行中的物资需求变化。（5）分配与调度：按照政策执行计划和实际工作进展，灵活调度物资，优先保障关键环节和紧急需求。这需要有效的政策信息管理系统支持，确保政策物资分配的高效与精准。（6）使用监督与效率提升：监督政策物资的使用情况，防止浪费和挪用，同时通过技术革新、流程优化等手段，提高物资使用的效率和效益。（7）评估与调整：定期评估物资配置的效果，包括物资到位率、使用效率、成本控制等，根据评估结果及时调整物资配置策略，优化资源配置。政策资源物资配置是政策执行成功的关键环节之一，需要跨部门合作、精细管理和动态调整，确保政策目标的顺利实现。

五　政策执行的培训与训练

根据政策执行需求，提供必要的专业技能培训，如项目管理、财务管理、法律知识、信息技术应用等，以提升执行人员的实际操作能力。明确政策培训的目标对象、培训内容、培训时间、培训地点和培训方式等。针对不同部门、岗位的人员，制订相应的政策培训计划，确保内容的针对性和实用性，培训计划包括培训时间、地点、内容、讲师等方面的安排，并制订培训效果的评估计划。结合在线培训、现场观摩学习、案例分析、结构访谈等形式，使培训内容更加生动有趣，提高学员的参与度。记录培训内容、参与人员、培训效果评估等信息，以便对培训工作进行总结和改进。培训结束后，及时评估培训效果，了解学员的学习情况和掌握程度，确保培训成果的实际转化。通过专业培训，使执行人员全面理解政策，减少执行过程中的偏差。熟悉政策内容和执行流程，以便更快速地开展工作。政策培训不仅能提升专业技能，还有利于强化职业操守和责任感。深入剖析政策背景、目标、意义及具体要求。详细讲解政策执行的步骤、方法、时间节点等。普及与执行政策相关的法律法规知识，确保依法行事。

提升执行人员与民众、企业等沟通协商的能力。通过实际案例，让执行人员更好地理解政策执行中的重点难点和应对策略。邀请政策专家、学者进行面对面授课，系统传授政策知识。利用网络平台，提供灵活的学习时间和内容选择。设置模拟场景，让执行人员在实践中学习和提升。组织经验丰富的执行人员分享实际工作中的心得和技巧。通过考试、提交学习心得等方式检验培训效果。及时收集执行人员对培训的反馈意见，以便持续改进。在培训后一段时间内，对政策执行人员的工作表现进行追踪评估，以衡量培训的实际效果。

第四节　政策执行的实施阶段

政策执行的实施阶段是将政策内容转化为具体行动的过程。在这个阶段，政策执行者将按照准备阶段制订的执行计划，采取具体措施执行政策。

一　政策执行的开幕与启动

正式宣布政策执行的开始，确保所有相关方了解执行的开始时间和要求。建立标准化的操作流程和模块化的工作单元，便于复制、推广及调整，增强政策执行的统一性和灵活性。政策执行的开幕是一个象征性的开始，向公众和利益相关者展示政府的决心和意图；而政策执行的启动则是实际操作层面的开始，涉及具体的计划、资源配置和初步行动。两者共同构成了政策从构想到实践的重要转折点。政策执行的开幕通常会有一个正式的宣布或揭幕仪式，这标志着政策正式开始执行。这个仪式可能由政府高级别官员、相关机构代表或利益相关者主持，以彰显政策的重要性和政府的决心。开幕仪式往往伴随着对政策的详细解释和宣传，旨在让公众了解政策的目的、意义和实施计划，从而提升政策的透明度和公众的参与度。通过开幕活动，政府向公众展示其对政策成功的信心和期望，为政策的顺利执行营造积极的氛围。通过举办官方的政策启动会议或仪式，邀请政府官员、行业代表、媒体和公众参与，正式宣布政策进入执行阶段。这样的活动可以提高政策的可见度，增强公众的认知和期待。在启动会议上，通常会有高级别官员发表致辞，阐述政策的重要意义、目标愿景以及对社会经济发展的影响。同时，相关部门负责人会详细解读政策内容、执行要点和预期效果，确保信息准确传达。明确负责政策执行的主导部门、参与单位及其职责分工，建立跨部门协调机制，确保政策执行过程中的信息畅通、行动协同。通过媒体发布会、官方网站、社交媒体、自媒体等多种渠道，广泛宣传活动意义，动员社会各界理解、支持并参与到政策执行中来。对于涉及公众利益的政策，特别强调公众参与和反馈机制的重要性。为确保政策得到有效执行，需要发布详细的执行指南、操作手册或实施细则，明确各项任务的具体操作流程、责任主体、时间节点和评价标准，为执行者提供具体指导。

二　政策执行的登记与操作

当新的政策文件发布后，相关部门需要进行文件登记，记录政策的名称、发布日期、执行日期、政策目标等关键信息。登记过程中要确保信息的准确性和完整性，为后续的政策执行提供基础数据支持。明确政策执行的主体，如具体的政府部门或机构，并进行登记。对政策影响的目标群体进行登记，以便更好地了解政策受众和执行效果。运用信息化手段提高政策执行效率，是当前政府治理现代化的重要途径之一。这不仅能够加速信息流通，确保政策指令准确、及时地传达，还能通过数据分析优化资源配置，提升决策科学性与执行的有效性。具体政策执行遵循一定的流程，包括申请、受理、审核、登簿、发证等步骤。操作规范则明确了各个环节的具体要求和标准，如申请材料的准备、审核的标准和程序、登簿的内容和格式等。

申请：申请人根据相关法律法规和规定，向主管机关或机构提交书面或电子形式的申请材料。这些材料通常包括申请表格、身份证明、资质证明、项目计划书等，旨在说明申请的目的、内容及合法性。

受理：主管机关接收申请材料后，首先进行初步审查，确认申请事项是否属于其管辖范围，申请材料是否齐全、格式是否符合要求。如果符合条件，将正式受理申请，并告知申请人；若材料不全或不符合要求，则一次性告知需要补正的内容。

三 审核和批准

审核：受理之后，主管机关会对申请内容进行实质性审核，这可能包括对提交材料的真实性、合法性进行核实，评估申请事项是否符合相关政策、法规要求。此阶段可能涉及实地考察、专家评审、征求第三方意见等环节。

登簿：审核通过后，对于需要登记的事项（如不动产权、商标权、公司注册等），主管机关会在相应的官方登记簿上进行登记，记录权利的设立、变更、转移或消灭等信息，确认其法律效力。登簿是正式确认权利归属或状态改变的关键步骤。

发证：主管机关根据登簿结果，向申请人颁发相应的证书或证明文件，如不动产权证书、营业执照、许可证等。这标志着申请事项已正式完成所有法定程序，申请人获得了法律认可的权利或资格。

这一系列流程体现了政策执行的规范性、透明度和效率，保障了公民、法人和其他组织的合法权益。

四 处理政策执行中的冲突和分歧

在执行过程中，可能会出现部门间的冲突和分歧，政府需要建立有效的冲突解决机制。制定明确的争议解决流程和规则，确保处理的公正性和效率。通过协商、调解等方式化解矛盾，确保政策执行的顺利进行。建立开放的沟通渠道，确保所有相关方能够及时获得准确的信息，了解政策意图、执行进度及存在的问题。通过会议、报告、工作坊等形式促进信息交流和意见表达。识别政策影响的所有利益相关者，包括政府机构、企业、非政府组织、公众等，主动邀请其参与政策制定和执行过程，听取各方意见，寻求共识，平衡不同利益诉求。针对具体的分歧，组织专门的协商会议，邀请中立第三方进行调解。通过对话、谈判，寻找双方或多方都能接受的解决方案。根据执行过程中反馈的信息和评估结果，灵活调整政策细节，以适应实际情况的变化。这可能涉及修改执行策略、调整时间表、优化资源配置等。对于因误解或信息不对称造成的冲突，加强政策的解释和宣传教育工作，确保所有参与者都充分理解政策目标和要求，减少误会。建立一个机制，让执行过程中的问题和冲突能及时反馈到决策层，同时快速响应，采取修正措施。这有助于及时解决问题，防止小分歧演变成大冲突。确保政策执行有明确的法律依据和规章制度支撑，对违反政策的行为依法处理，维护政策的权威性和执行力。建立科学的绩效考核体系，对执行效果好的给予奖励，对执行不力的进行整改或惩罚，激励所有参与者积极解决冲突，高效执行政策。设立独立的争议解决机构或委员会，负责处理政策执行过程中出现的争议。

五　政策执行的迭代和优化

将政策执行视为一个持续学习和改进的过程，根据评估结果和反馈不断调整优化执行程序，形成良性循环。详细记录执行过程中的关键事件和数据，定期向决策层报告执行情况，为政策执行的后续阶段提供支持。根据评估结果和反馈，灵活调整政策内容、执行策略或资源配置。小步快跑，采取迭代的方式逐步优化，而不是等待大范围的政策重置。建立跨部门、跨层级的协调机制，解决执行中的部门壁垒问题，促进信息共享和资源整合。

通过建立联合工作组、定期协调会议等方式，增强协同效应。利用信息技术，如云计算、大数据、人工智能等，提升政策执行的信息化水平。通过数字化平台实现数据集成、流程自动化、决策支持等功能，提高执行的智能化水平。拓宽公众参与政策执行的渠道，通过问卷调查、公开听证、社交媒体互动等方式收集公众意见和反馈。及时响应公众关切，调整执行策略，增强政策的公众认同度。建立和完善政策执行的绩效管理体系，明确绩效指标，定期评估执行效果。根据评估结果实施奖惩，激发执行主体的积极性和主动性。建立政策执行的学习机制，从每次执行中总结经验教训，提炼成功模式。鼓励创新思维，对有效的新方法、新技术进行推广和应用，持续提升执行效能。

第五节　政策执行的总结阶段

在政策执行的实施阶段，监督和调整策略对于确保政策有效执行至关重要。以下是一些具体的监督和调整策略。

一　实时监督与管理

这一步骤涉及从多个渠道广泛收集关于政策执行效果的信息。通过问卷调查、访谈、座谈会等方式直接向政策影响群体收集意见和感受。监测新闻报道、社交媒体上的公众讨论，了解公众对政策的接受度和看法。通过设置关键绩效指标和监测点，对政策执行的关键环节进行实时监控，确保执行进度和质量符合预期。运用数字化和智能化技术手段，对政策执行过程进行实时监控、数据分析和智能辅助决策，同时促进政策制定者、执行者与公众之间的互动交流。构建数智化监控系统，对政策执行的关键指标进行实时追踪，运用人工智能算法自动分析数据趋势，及时发现执行偏差或潜在问题，发出预警信号，为快速响应提供依据。通过数据可视化工具，将复杂的政策执行数据转化为图表、仪表盘、三维地图等形式，使政策执行情况一目了然，提升政策透明度，便于公众监督和参与。建立线上平台和移动应用，方便公众查询政策信息、提交反馈意见和建议。利用社交媒体分析、在线调查等工具，收集公众情绪和需求，形成政策执行的闭环反馈机制。基于用户画像和行为分析，为不同群体提供个性化政策解读和服务，通过智能推荐系统精准推送政策信息和相关服务，提升公众的政策认知度和满意度。建立持续学习机制，让数智监控系统能够根据新数据不断自我优化，提高预测准确性和服务质量，实现政策执行监控和交互的持续改进。政策执行的数智监控与交互，是利用现代信息技术推动政策执行现代化的重要途径，它不仅有利于增强政府治理能力，还有利于提升政策执行的公众参与度和满意度，促进社会共建、共治、共享。

二 过程收集与分析

政策科学中一个重要的规范性主题是运用分析方法和结构性理性来改进政策制定和执行。对收集到的信息进行系统的分析和评估，以确定政策的实际效果是否达到预期目标，以及是否产生了意料之外的副作用。这一步骤通常会运用定量分析（如统计检验）和定性分析（如案例研究）相结合的方法。收集执行过程中的数据和反馈，利用数据分析工具对数据进行深入分析，以便及时发现执行中的问题。利用物联网、大数据技术，自动收集政策执行过程中的各类数据，包括但不限于执行进度、资源使用、效果反馈等，通过数据集成平台进行统一管理和分析。利用机器学习、数据挖掘等技术，深入分析政策执行数据，识别执行效果的驱动因素和阻碍因素，为政策调整提供科学依据和优化建议。运筹学、系统分析、模拟、PPB和许多定量与定性分析的特殊方法现在广泛应用于政策问题，但结果好坏参半。虽然这些方法往往有利于加深对问题域的本质或维度之间关系的理解，但我们在将分析研究的模型或方法集成到政策决策系统中时会面临微观实现的特殊问题。

三　政策执行的反馈与调整

收集政策执行效果的反馈，包括公众、利益相关者以及执行机构的意见和建议。根据反馈情况，对政策进行必要的调整和优化，以提高政策的针对性和有效性。政策执行的反馈与调整是确保政策目标有效达成的关键环节，该过程涉及从执行效果的评估到根据反馈信息做出相应改动的一系列步骤。基于评估结果，识别政策执行过程中存在的问题及其根本原因。这可能涉及政策设计的缺陷、执行中的偏差、外部环境变化等因素。根据问题诊断的结果，设计具体的调整措施。这可能意味着修改政策的具体条款、调整执行策略、增加或减少资源投入、改善沟通策略等。在调整政策前，通过公开透明的方式向公众解释为何需要调整，以及调整的方向和预期效果。这有助于增强公众的理解和支持，同时也可进一步收集公众意见，使调整更加贴近民意。执行调整后的政策，并再次启动反馈与评估的循环，持续监测调整后政策的效果，确保新的政策措施能够更好地达成预定目标。政策执行与调整是一个动态过程，需要不断地根据新的反馈信息进行优化和迭代，形成政策制定、执行、反馈、调整的闭环管理机制。通过上述流程，政策执行的反馈与调整机制能确保政策更加灵活、有效，更好地回应社会经济发展的需求以及公众的期望与信心。

四　政策执行资源的回收与再利用

政策执行资源的回收与再利用，是指在政策执行过程中或执行完成后，对所投入的人力、物力、财力等资源进行有效管理和重新配置，以提高资源使用效率，减少浪费，促进可持续发展。首先对执行过程中使用的各类资源进行全面盘点，包括但不限于人力资源、资金、物资、设备、信息等。评估这些资源的当前状态、剩余价值及再利用潜力。根据资源的性质、用途和条件，进行分类管理。对于可直接再利用的物资、设备等，进行必要的清洁、修复或升级；对人力资源进行技能评估，以便重新调配至其他项目或岗位。制定具体的操作流程和标准，明确回收资源的范围、方式、责任主体和时间安排。例如，建立废旧物资回收站，实施电子文件归档减少纸张使用，或通过转岗培训重新分配人力资源。将可再利用的资源根据实际需要重新分配到其他政策执行项目或部门中，或者通过建立资源共享平台，促进不同政策执行主体间的资源流动和共享，减少重复购置。利用信息技术提高资源管理效率，比如通过数字化平台跟踪资源流向，采用云服务减少硬件依赖，实施远程办公减少空间和能源消耗，以及通过数据分析优化资源配置。建立激励机制，鼓励政策执行团队主动参与资源回收与再利用，通过培训提升团队的资源管理意识和技能，形成节约资源的文化氛围。对资源回收与再利用的成效进行定期评估，包括资源节约量、成本节约、环境影响、绿色减碳等方面，根据评估结果不断调整优化策略，并将经验教训反馈到未来政策的制定和执行中。通过上述措施，不仅可以最大化利用现有资源，降低政策执行成本，还能促进环境友好型社会的构建，实现经济社会的可持续发展。

五　政策执行全过程的记录和报告

政策执行全过程的记录和报告是确保政策执行透明度、可追溯性和持续改进的重要环节。这一过程涉及从政策启动到评估的每一个步骤，具体包括以下几个方面。（1）准备阶段记录。政策背景与目标：记录政策出台的背景、目的、预期目标及理论依据。参与机构与人员：明确参与政策制定与执行的机构、部门及其职责，记录关键决策者的名单。资源规划：记录预计投入的人力、物力、财力等资源的分配情况。（2）启动与部署。启动会议纪要：记录政策启动会议的议程、参会人员、决策要点和责任分配情况。执行计划：制订详细的执行计划，包括时间表、阶段性目标、关键任务和里程碑。（3）执行过程记录。日常操作日志：记录执行过程中的日常操作，包括执行活动、时间、地点、参与人员和成果。问题与障碍：记录执行过程中遇到的问题、挑战及采取的应对措施。资源使用记录：跟踪记录人力、资金、物资等资源的实际使用情况与预算对比。（4）监控与评估。进度监控报告：定期编制执行进度报告，包括已完成的工作、未完成的任务及原因分析。效果评估报告：根据设定的评估指标，收集数据，评估政策执行的成效，包括直接影响和间接影响。利益相关者反馈：收集并记录政策影响对象、公众、专家等利益相关者的反馈和建议。（5）调整与优化。调整决策记录：记录基于评估结果和反馈信息进行的政策调整决策过程，包括调整内容和理由。优化措施记录：详细记录实施的优化措施及其效果，包括流程改进、资源配置调整等。（6）总结与归档。最终执行报告：撰写政策执行总结报告，全面回顾执行过程、成效、经验教训和改进建议。资料归档：将所有与政策执行相关的文件、报告、数据等资料整理归档，便于日后查阅和学习。通过上述全面、细致的记录和报告机制，可以为政策执行提供透明度，帮助管理者及时发现问题、调整策略，同时也为后续的政策制定和学术研究提供宝贵的第一手资料。

第六节　明确政策执行程序，优化
政策执行效果

政策执行是政策过程中至关重要的环节，它直接关系到政策目标的实现和政策效果的发挥。为了确保政策能够得到有效执行，特别需要明确政策执行程序，从而不断优化政策执行效果。对政策内容进行深入解读，将其转化为具体可操作的实施方案，明确政策目标、执行主体、时间表和衡量标准。清晰界定各执行部门的职责范围，建立跨部门协调机制，确保政策执行过程中的有效沟通与合作。合理调配人力、物力、财力资源，为政策执行提供充分的支持，包括资金、技术、信息等。建立监督机制，定期检查政策执行进度和效果，收集反馈信息，及时发现和解决问题。设定科学的评估指标，对政策执行效果进行客观评价，根据评估结果适时调整执行策略。通过培训和学习，提升执行者的专业素养和技能，确保他们能够高效、准确地执行政策。鼓励公众参与政策执行过程，收集民意，提升政策的民主性和透明度，以及政策的接受度和执行力。运用大数据、云计算、人工智能等现代信息技术，提高政策执行的精准度和效率。建立健全激励机制，对政策执行中的优秀表现予以奖励；同时，对执行不力的行为进行问责，确保政策执行的严肃性和有效性。鼓励政策执行中的创新思维，不断优化执行方法和流程，以适应社会发展的新需求。总之，明确政策执行程序和优化政策执行效果是一个系统工程，需要政策制定者、执行者、监督者以及公众等多方的共同努力，通过精细化管理和持续优化，确保政策能够顺利落地，最终实现预期的经济社会效益。

第五章　政策执行能力

非知之艰，行之惟艰。

——《尚书》

政策执行能力是研究公共政策的最基本概念之一。几十年来，一个始终如一的主题是政策能力有时是不足的。政策执行能力可能随时间、背景、事件和部门的不同而发生变化。它也可能是多部门的，涉及整个政府。高水平的政策执行能力与优越的政策产出和结果有关，而执行能力不足被视为政策失败和造成次优结果的主要原因。另一个主题是，在某些地方和时期，政策执行能力可能是不断下降的。

第一节　结果正义

虽然随着政府越来越多地被要求解决日益复杂的问题，政策能力已成为一个主要问题，但在政策能力的概念定义上仍存在相当大的分歧，而且很少有系统的努力来衡量它。首先，对于政策能力的概念是否应局限于政府或公共服务部门，还是应扩大到非政府和私营部门，几乎没有达成一致意见。大多数学者从政府的角度出发将政策能力定义为影响政府做出明智选择、审视环境并设定战略方向、权衡和评估政策选择的影响，并在政策制定、执行和评估过程中适当利用知识的能力。Fellegi（1996）主张更广泛的政策能力概念，包括可用于审查、制定和执行政策的资源的性质和质量，以及在公共服务部门之间和公共服务部门内部调动和使用这些资源的做法和程序。除此之外，还涉及非政府部门和整个社会。"治理能力"是否以及在何种程度上不同于"政策能力"仍然是该领域的一个关键问题。

此外，虽然认为政策能力是政策成功的必要先决条件是陈词滥调，但在该主题的概念和定义方面存在分歧，阻碍了更好地理解和诊断以及改进政策实践的努力。一些学者选择了对该术语的有限的或限制性的定义，认为政策能力仅与特定技能的可用性或质量有关，如支持决策的政策建议能力。例如，Painter 和 Pierre（2005b）仅关注政策制定能力，他们将这一术语定义为："……调动必要资源以做出明智的集体选择的能力，特别是设定战略方向的能力，将稀缺资源用于公共目的的能力。"其他人保留了这种相对狭隘的关注点，但纳入了额外的技能和资源，例如涉及政策相关知识的获取和利用、制定选项的能力、对政策问题应用定性和定量研究方法以及有效地解决问题的能力等。然而，Bridgman 和 Davis（2000）等则呼吁做出更广泛的定义，认为政策能力应包括政府有效实施首选行动选择并做出决定的能力。还有一些学者将注意力集中在政策的元层面。例如，Parsons（2004）将政策能力定义为现代政府的"编织"功能——将多种政策编织在一起的能力。

第二节　政策执行能力框架

现实中，可能一个政策部门有能力有效地实施某些计划，但另一个政策部门则不具备这种能力。这意味着能力至少包括四个主要层面：计划层面、政策部门层面、跨部门层面和治理系统层面。然而，这里的目的不是明确地量化每一种能力，而是了解政府的一般、基线或相对恒定的政策能力是如何建立的（Brenton et al.，2023）。政策执行能力是指政府或组织能够实施或执行已制定的政策选择或计划的能力。这种能力包括确保政策得到实施所需的组织资源、行政能力、人力和物力资源、制度化的流程以及政治支持等方面的综合体现。具体来说，政策执行能力涵盖了将政策转化为实际行动所需的各个方面，如政策宣传、资源调配、监督与评估等，以确保政策目标得以有效实现。政策执行能力是衡量政府效能的重要指标，会直接影响到政策目标的实现，以及政府公信力和社会稳定。政策执行能力的研究框架通常包括多个维度和层面，旨在全面系统地分析和评估政策执行的各个方面。

当然，来自上层和下层的政治支持至关重要，因为机构和管理者必须被公民和政策主体视为合法，才能持续获得其授权机构和选民的资源和支持，而且这些资源和支持对于增强政策执行能力是非常重要的。在组织层面，信息基础设施、人力和财务资源管理系统的可用性和有效性，以及政治支持的水平，可以增强或削弱执行能力。例如，过度限制个人决策职责或削弱政策专业人员士气的组织可能会造成机构履行职能能力的下降。

一 理解转化能力

首先要求执行者准确理解政策意图、目标及具体内容，然后将其转化为可操作的实施方案。Peters（2015）将政策专业知识分为两种，一种是政策领域的实际技术知识，另一种是有关政府所服务的顾客和环境的知识。强大的公务员队伍和"可用技能"是为政策决策建立强有力的证据基础的关键。政府是否利用这些专业知识是一个单独的问题，特定形式的专业知识和建议在不同时期可能是有益的，特别是在危机期间。专业知识存在于政府官僚机构内部和外部，如果政府通常可以使用，那么它就是行政资本的一部分。认为理解和转化能力只与在政府基层工作的政策分析师有关，这是一种误解。事实上，它对于高层来说更为重要，因为从更广泛的角度来看，政策问题更加复杂。即使政策分析、设计和评估是在较低层级进行的，高级管理人员也必须是政策的明智制定者。如果没有这种能力，政策制定者可能会完全忽视理解转化工作的价值，或者由于缺乏对此类工作局限性的了解而被误导（Wu et al.，2018）。

二 组织协调能力

涉及跨部门合作、上下级沟通以及与社会各界的协调，确保政策执行的连贯性和一致性。需要调动和整合必要的人力、物力、财力等公共资源，为政策执行提供充分的支持。第一个维度是资源，通常称为公共政策制定和执行或管理的投入。它们的范围从人力和组织资源（如员工人数、技能和专业知识）到财务和物质资源，再到政治和其他形式的资源。当今的政府经常可以采取行动增加、减少或维持资源。此外，由于预算或分配优先事项的修订等，资源的使用方式可能会发生变化。对于相对可替代的资源，我们使用"行政资本"一词。个人层面的运作能力与官员个人履行管理职能的能力有关，通常被笼统地描述为"组织协调能力"。但组织协调能力是一项很难具体说明、更难衡量的技能。将模糊的领导概念分解为政策管理者履行的关键职能——规划、人员配置、预算、授权、指导和协调——更加实际和有用。拥有大量具备管理人力、财务和基础设施资源以及协调组织内外资源使用技能的官员，对于制定和执行良好的政策至关重要。高水平的人际交往能力至关重要，尽管难以衡量，因为当代政策挑战的复杂性需要组织内部和跨组织的大量政策专业人员之间的密切合作（Wu et al.，2018）。

三 真抓实干能力

体现在执行过程中能否坚决、迅速且有效地推进政策，克服阻力，避免执行失真、乏力或低效。操作能力不仅与人们普遍认为的政策执行相关，而且与政策过程的各个阶段相关。政策专家和政策分析师缺乏操作能力，可能会导致政策建议和最终决策在理论上或原则上是合理的，但在实践中却因为政策制定阶段没有考虑到资源分配和协调问题而失败。此外，政策过程其他阶段的具体任务，如评估，可能涉及需要业务能力的资源的调动和部署。与普遍认为的相反，政策能力不仅对高级政策制定者和官员至关重要，对政策分析师和政策专家也至关重要。如果没有足够的政策能力，政策分析师和政策专家可能会提出忽视政策过程中关键参与者的阻力的政策建议，而公共部门管理者可能会低估对所执行的政策或计划的反对程度。两者都可能导致灾难性的后果。最后，个人层面的政策能力涉及政策专业人员考虑政策任务的政治方面以及加强对其所执行任务的政治支持的能力。第一，有关政策过程的知识，特别是关于不同参与者在政策过程的不同阶段如何相互作用的知识，有助于政策参与者理解他们的工作与政策过程的政治之间的联系。第二，政治敏锐度，包括对政策过程中关键参与者的立场、利益、资源和战略的洞察，以及政策行动的实际影响，构成了参与者制定政策的基础，对不同政策的可取性和可行性做出正确的判断。第三，沟通、谈判和建立共识的技能对于与组织外的利益相关者（如其他政府机构、政党、非政府组织、媒体和公众）及密切合作的政策行为者至关重要，因为政策过程涉及许多人的互动。不同的利益相关者有自己的利益和要求（Zhang et al.，2012）。

四　适应创新能力

在执行中遇到问题时，能够灵活调整策略，创造性地解决问题，确保政策目标的达成。Mazmanian 和 Sabatier（1983）概述了一个执行的概念框架，其中包含几个"适应能力"的变量。它们都与管理相关，包括绩效指标、财政资源分配、执行机构的协调、领导力和官员对目标的承诺。执行还涉及街道层面的流程、监测、评估和审查、劳动力发展、咨询、沟通以及组织内部和跨组织的网络。在执行方面，能力受到社会资本、协商合法性以及利益表达和聚合的影响。执行主体不仅仅是政治资源或政治机构，还包括经济、社会等多元多维主体和参与者。行政系统可能资源丰富，包括高技能的专家和有效的组织领导，制订非常详细和经过严格考虑的实施计划，但最终这只是建议，可以完全或部分忽略。一个行政资本高但政治决策能力差的政府（广义的）政策能力是多少？决策者必须信任但又批评专家的建议，同时灵活适应和不断创新（Brenton et al.，2023）。

五 分析反馈能力

建立有效的监督体系，及时收集执行过程中的信息，评估执行效果，并根据反馈进行调整优化。关于政策有效性，我们认为应该是满足（公众、利益相关者、政策制定者等的）期望。它不可能是每一个期望甚至大多数当前的期望，而是未来的期望，以维持对经济社会制度的信心和合法性。这可以被定义为对政策治理及其一系列美德的需求和供给：一致性、能力、知识、廉洁、效率，等等。这些价值观共存在公共部门和相关组织工作的个人（公务员和承包商、雇员）的微观层面以及制定政策的组织的中观层面。然而，仅靠德行并不足以满足期望。参与政策任务的个人的分析能力——例如诊断政策问题及其根本原因、设计和比较问题的解决方案、制订明智的政策执行计划以及进行严格的政策评估——是政策有效性的关键决定因素。事实上，一个组织所做的事情、确实能够做的事情以及其成功的可能性，在很大程度上取决于其员工诊断问题和制定适当的解决策略的能力。政策专业人员执行此类任务的技能是其机构分析能力的关键。政策问题日益复杂，需要使用成本效益分析和系统建模等分析工具，而这些工具在政府中往往供不应求。

第三节　政策执行的理解转化能力

政策执行的理解转化能力是指政策执行主体（如政府部门、组织或个人）将政策文件、法规条文等抽象的政策意图准确无误地理解，并将其转化为可操作执行方案的能力。这一过程是政策执行链条的首要步骤，对整个执行过程的有效性至关重要。理解转化能力不仅要求政策执行者具备良好的阅读理解能力、逻辑思维能力，还要求其有较强的实践操作意识和问题解决能力，能够将理论与实践紧密结合，确保政策执行不偏离原定目标。

一　精准解读政策意图

精准解读政策意图是一项关键能力，它要求深入理解政策出台的背景、目的、目标以及预期影响，从而确保政策得到有效执行和正确传达。要求执行者深刻把握政策的核心精神和导向。从官方发布的政策文件入手，逐字逐句理解其内容，特别关注政策的前言、目的、指导思想、主要任务、措施及执行步骤等部分。关注政策发布前后政府高层的讲话、会议纪要等，这些往往能直接反映政策意图。注意政策中的关键词汇和专业术语，这些往往是解读政策方向和重点的关键。细致分析政策的具体条款、要求和标准，明确各项规定的实际含义及其相互之间的逻辑关系。分析新政策与以往政策的连续性和变化，理解政策导向的演变逻辑。明确政策惠及的目标群体，理解其需求和可能的反应。评估政策对不同行业、地区、人群的潜在影响，理解政策的广度和深度。分析政策中提出的具体措施、手段及其背后的逻辑，如财政补贴、税收优惠、行政管理改革等。理解政策如何通过激励机制促进目标实现，以及对不合规行为的约束措施。查阅相关领域的学术论文、研究报告，获取专业人士的分析视角。参考权威媒体、专业论坛的解读文章，但需注意甄别信息的准确性和客观性。从政策文本中识别出执行的关键要素，包括时间表、责任主体、资源配置要求等，这些是制订执行计划的基础。基于对政策内容的深入理解，评估执行过程中可能遇到的困难、挑战及潜在风险，为制定应对措施做准备。

二　设计政策执行方案

根据对政策的全面理解，设计出可操作性强、针对性强的执行方案，包括具体的行动步骤、责任分配、资源配置、时间规划等。分析政策出台的背景、必要性和紧迫性，包括问题的现状、历史沿革、国内外经验等。确保政策执行有坚实的法律基础，必要时推动相关法律法规的修订或制定。对政策执行方案进行全面的合规性检查，避免法律风险。清晰界定政策旨在解决的问题、达到的具体目标及可能产生的社会、经济影响。分解政策目标，明确实现目标所需的关键步骤。为每个步骤设定明确的时间节点，确保按计划推进。明确各执行机构或部门的职责范围，确立牵头单位和配合单位，确保权责清晰。设定政策执行的关键时间节点，包括筹备阶段、试点阶段、全面推广等。评估并规划所需的人力、物力、财力资源，包括预算编制、人员培训、技术准备等。建立政策执行的监督体系，包括进度监控、质量控制、信息反馈渠道等。识别政策影响的关键群体，包括受益者、可能的反对者等。制订针对不同群体的沟通计划，包括信息公开、公众咨询、媒体宣传等，以提高政策透明度和公众认可度。对执行人员及受影响群体进行必要的政策解读、操作培训。在小范围内先行试点，测试政策的实际效果和可行性，及时发现并解决问题。建立政策执行效果的评估体系，包括设立评估指标、数据收集方法、第三方评估等。根据评估反馈，适时调整政策内容、执行策略，优化资源配置，确保政策目标有效达成。识别政策执行过程中可能遇到的风险和挑战。为每种风险制定相应的应对策略和预案。定期对风险管理计划进行评估和更新，确保其有效性。鼓励团队成员提出改进意见，持续优化政策执行方案。将政策意图和执行方案有效传达给所有相关的执行人员和利益相关者，通过培训确保每位参与者都能准确理解其角色和任务。对执行人员进行充分的培训和准备，使他们在政策发布后能够迅速有效地采取行动。

第四节　政策执行的组织协调能力

政策执行的组织协调能力是指在政策执行过程中，政府机构、组织或个人有效管理和协调内外部资源、人员、流程，以确保政策目标一致、行动协同的能力。这一能力对于克服执行障碍、提高执行效率至关重要。组织协调能力是政策执行成功的关键，它要求执行者具备高度的责任心、良好的沟通技巧、强大的组织管理能力和灵活的问题解决策略。通过高效的组织协调，可以最大限度地发挥政策效能，实现政策目标。

一　明确的组织结构和职责划分

政策执行需要有清晰的组织结构和明确的职责划分，完善组织结构，明确各部门和人员的职责划分以确保每个部门和人员都清楚自己的职责和任务。优化决策、分工、协同、反馈、沟通和督查机制，破除执行力的组织障碍。这有助于减少工作重复和冲突，提高工作效率。政策执行过程中，各部门和人员之间需要建立有效的沟通机制，及时传递信息、共享资源、解决问题。这有助于加强团队协作，提高政策执行的效率和效果。利用现代信息技术手段，建立政策执行过程中的沟通平台，促进信息共享和团队协作。在政策执行过程中，可能会遇到各种预料之外的情况和问题。组织协调能力强的政府或机构能够迅速调整策略，灵活应对各种挑战。针对可能出现的突发事件和问题，制定详细的应急预案，提高政府机构或组织的应变能力。培养具有前瞻性和开放思维的领导团队，鼓励创新文化，激发团队成员的创新潜能，营造支持创新的良好氛围。特别注重完善会议、检查、督办等传统工作形式，减少无效的形式主义和繁文缛节，促进干部良好工作习惯和作风的养成（Brenton et al.，2023）。

二 强大的资源整合能力

政策能力是一种"调动必要资源以做出明智的集体选择并为稀缺资源分配设定战略方向的能力"（Brenton et al.，2023）。政策执行需要整合各种资源，包括人力、物力、财力等。组织协调能力强的政府机构或组织能够迅速调动所需资源，确保政策的顺利执行。通过培训和实践锻炼，提高政府机构或组织在资源整合方面的能力。提前规划和准备所需资源，包括人力、物力和财力，可以确保在政策发布后立即展开行动。政策执行的组织协调能力是确保政策顺利执行的关键因素之一。通过加强组织建设、建立有效的沟通平台、加强资源整合能力培训和制定应急预案等措施，可以进一步提升政策执行的组织协调能力。国家掌握的可替代资源是其行政资本和政策能力的第一维度。在较早的能力概念中，可用资源被认为是关键的政策输入，资源可以是财务资源、人力资源、信息资源、组织资源或政治资源。

第五节 政策执行的真抓实干能力

从公共治理的角度来看，政策执行力的高低反映了政府在执行公共政策时的能力和效率。在公共治理范式下，政府不再是唯一的权力中心，而是与社会团体、非政府组织等开展多元合作。这种模式强调治理过程中的互动和参与，有助于提高政策执行的效率和质量。政策执行的速度与效率是政策执行过程中的两个重要衡量维度。政策执行的速度与效率是政府工作效能的重要体现。然而，地方政府在政策执行中也可能面临挑战，如政策执行失真、执行缓慢、执行乏力等。这些问题可能源于政策制定与实际执行之间的脱节，或者是对政策理解不足，导致执行效果大打折扣。通过优化决策流程、加强协调与沟通、利用现代信息技术以及强化监督与评估等措施，政府可以进一步提升政策执行的速度与效率，更好地服务民众和社会。

一 政策执行的速度

政策从发布到最终落地执行的时间是衡量执行速度的重要方面。一个高效的政府应该能够缩短这个周期，使政策尽快产生效果。政策执行速度指的是政策从制定到执行完成的时间长度，关注的是政策落地的时间快慢。快速的执行速度意味着政策能够迅速响应社会需求，及时解决面临的问题。然而，过快的速度也可能导致准备不足、考虑不周全，从而影响执行的质量和效果。政策执行的速度首先体现在政府对政策问题的快速反应上。例如，遇到突发事件或紧急情况，政府需要迅速做出决策并付诸执行。这种快速反应能力可以大大减少潜在的损失，并维护社会稳定。借助大数据、云计算等现代信息技术手段，政府可以实时跟踪政策执行情况，及时调整策略，提高执行效率。

政策执行的第一步是对政策的快速响应。政策从制定到执行的时间应尽可能缩短，以便更快地产生社会效益。各个环节之间的衔接应紧密，减少等待时间和执行过程中的拖延。决策过程应科学、透明且迅速，以确保政策的及时性和有效性。一旦政策发布，执行机构应立即启动实施计划，确保各项措施能够及时展开。某些政策，特别是应对紧急情况或危机的政策，对执行速度要求极高。延迟执行可能导致问题恶化或失去控制。简化执行流程、减少不必要的官僚层级和审批环节，可以显著提高执行速度。采用标准化操作流程也有助于加速执行过程。利用现代信息技术，如电子政务系统，可以加快信息传递和处理速度，从而提高执行效率。良好的内部沟通和协调机制可以确保各部门之间的顺畅合作，减少执行过程中的摩擦和延误。在执行过程中遇到问题时，能够快速调整策略并灵活应对，也是提高执行速度的关键。

二　政策执行的效率

政策执行效率更多地关注在给定时间内，政策执行所能达到目标的程度或者实现预期效果的能力。它涉及资源利用的经济性（即以最小的成本获取最大的效益）、目标达成的精确性以及执行过程的适应性和灵活性。高效率的政策执行能够在保证质量的前提下，用最少的投入获得最佳的政策成果。高效的政策执行需要充分利用和合理配置各种资源，包括人力、资金、物资和信息等，以确保每一份投入都能产生最大的效益。避免资源的浪费，例如重复建设、不必要的行政开销或低效的项目实施。避免决策过程中的官僚主义和形式主义，减少不必要的层级审批。执行机构应制定高效的工作流程和进行明确的责任分工。员工应具备必要的专业知识和技能，以确保任务的顺利完成。利用现代信息技术，如大数据、云计算和人工智能等，可以提高政策执行的智能化和自动化水平，从而提升效率。电子政务平台的建设和应用可以简化行政流程，提高办事效率。

政策的生命力在于执行。例如，政策执行中，领导干部需要精准把握和施策，确保政策贯彻落实取得最佳效果。这要求在执行中不偏不倚、抓到实处，不能机械性地照搬照抄，而应结合各地区各部门的实际情况创造性地加以落实，推动工作有效开展。政策执行中，领导干部应强化责任意识，做到知责于心、担责于身、履责于行。对于党中央的决策部署，要强化执行力、创新力和担当力，确保政策坚决而彻底地得到贯彻执行。提高政策执行效率需要完善激励约束机制，强化干部执行意愿。在激励方面，应体现绩效和目标导向，建立准确的绩效数据库，完善绩效考核和效能督查办法，提高选拔任用的透明度和公信力。在责任约束方面，应由重视"过错问责"转向重视"无为问责"，加强社会监督，适应网络时代的新要求。领导干部应强化个人对方式方法的学习与探索，提升工作技能。同时，需要转变思想观念，深化对执行力的理解和认识，从而减少个体障碍并促进行为风格的转变。例如，在安徽省合肥市，城管群众议事会的设立，通过居民投票、自我推荐选出成员，将过去的城管单方执法转变为"众人的事众人商量"，有效解决了政策执行中的效率问题，并得到了广泛推广。

总的来说，政策执行速度和效率的提升需要综合考虑政策制定的科学性、执行过程中的灵活性和创新性，以及多元治理主体之间的合作与协调。这不仅是一个技术问题，更是一个管理和治理的挑战。为了提高政策执行效率，政府需要不断进行制度改革和创新，优化行政流程，提升公务员的素质和能力，以及加强与社会各界的沟通与协作。同时，还应建立科学的评估体系，定期对政策执行效率进行评估和反思，以便持续改进和提升。政策执行速度是衡量政策执行效率的重要指标。在中国，政策执行的研究和发展经历了不同的阶段，包括对政策执行失败的关注、执行模式的争论以及整合性执行框架的提出。近年来，随着经济社会的高速发展和分权化改革的推进，政策执行的速度和效率成为国家治理现代化建设和社会转型进程中的重要问题。在政策执行过程中，政府强调深入调查研究、广泛听取意见，并在政策执行后进行跟踪反馈，及时调整完善。政策执行不仅需要上级部门的指导，还需要基层干部的积极参与和创新。例如，基层政策在执行过程中可能遇到多种难题，需要根据实际情况进行调整，以确保政策不走样、不变形。

第六节　政策执行的适应创新能力

政策执行的适应创新能力是指在政策执行过程中，根据实际情况的变化和执行中遇到的新挑战，灵活调整执行策略、方法和手段，创造性地解决执行难题，有效推进政策目标实现的能力。这一能力对于应对复杂多变的社会环境和提高政策执行的有效性至关重要。政策执行的适应创新能力是一个复杂而关键的议题，涉及政策过程的多个层面和环节。在中国，政策执行的过程正在经历显著的变化和调整，这些变化和调整旨在提高政策执行的效率和效果。

首先，政策细化是政策执行中的一个关键动作。政策细化指的是下级政府根据上级政府政策内容的要求，结合本地实际进行政策文本的转化，做出与自身治理情境相匹配、能够明确指明行动方向或方式的政策行为。这种做法有助于精准回应公共政策问题，弥补上级决策理性的不足，缓解政策传导过程中的信息耗散，调节政策过程中工具理性与价值理性的平衡。其次，政策执行需要创新。创新包括内部学习型创新和外部交流型创新。地方政府通过提供政治激励、加强财政支持、引入外部专家、增进干部交流、扩大社会参与等方式，增进对新知识、新手段、新工具的应用，从而提升其政策创新能力。此外，新时代政策执行的过程变迁强调了政策执行的密集性、时效性、精准性和创新性。在政策执行过程中，政策周期压缩化、执行责任主体化和政策倡导政治化是主要特征。这些变化旨在提高政策执行的效率和效果，同时确保政策执行过程中的创新和适应性。最后，在政策执行过程中，要考虑情况，避免机械照搬。要根据实际情况进行调整和优化，以确保政策执行的精准性和有效性。综上所述，政策执行的适应创新能力是确保政策有效执行的关键因素，需要通过政策细化、创新思维、责任主体化和灵活调整等多种方式来提升。

能够敏锐地察觉政策执行环境的变化，包括社会经济状况、技术进步、公众态度等，及时收集相关信息并进行分析，为调整执行策略提供依据。根据环境变化和执行反馈，快速调整执行计划和方法，包括重新分配资源、修改执行路径、调整时间表等，以确保政策目标的顺利实现。面对执行中的新问题和挑战，能够跳出传统思维模式，创新性地提出新的解决办法，如采用新技术、新管理模式或合作伙伴关系等。在尝试新的执行方式时，能够进行前瞻性的风险评估，采取相应的风险管理措施，在确保创新的同时控制风险，避免负面影响。建立持续学习和反馈机制，从每次执行中总结经验教训，不断优化执行策略，形成迭代升级的执行模式。打破部门壁垒，促进跨学科、跨行业合作，整合多方资源和智慧，共同探索创新的执行路径。适应创新能力要求政策执行者不仅要具备扎实的专业知识和丰富的实践经验，还要有敏锐的洞察力、开放的学习态度和勇于尝试的精神。通过不断适应和创新，政策执行才能更加高效、灵活地应对复杂多变的现实挑战，更好地服务于公共利益和社会发展。

政策执行的适应创新能力是指在政策执行过程中，根据实际情况和外部环境的变化，灵活调整执行策略，创新性地解决问题，以确保政策目标得以实现的能力。这种能力对于政府及其相关部门至关重要，因为它直接关系到政策的有效性和社会的稳定发展。在政策执行过程中，可能会遇到各种预料之外的情况和问题。适应创新能力强的政府机构或组织能够根据实际情况，灵活调整执行策略，以确保政策的顺利执行。面对复杂多变的社会环境和公众需求，政府需要创新性地寻找解决问题的方法和途径。这包括但不限于采用新技术、新方法或与其他社会主体进行合作等。适应创新能力还包括不断学习和借鉴国内外先进的政策执行经验，将其应用到实际工作中，以提高政策执行的效果和效率。利用大数据等技术手段，实时收集和分析政策执行过程中的数据，以便及时发现问题并进行动态调整。这种数据驱动的创新方式可以提高政策执行的精准性和有效性。政策执行是一个持续的过程，需要不断根据实际情况进行改进和完善。适应创新能力强的政府会建立反馈机制，及时收集公众和利益相关者的意见和建议，以便对政策执行进行持续改进。为了提高政策执行的适应创新能力，政府需要加强学习、培训和实践锻炼，培养一支具备创新意识和实践能力的政策执行队伍。同时，政府还应营造开放、包容的创新氛围，鼓励和支持政策执行过程中的创新实践。

第七节　政策执行的分析反馈能力

政策执行的分析反馈能力是指在政策执行过程中，系统地收集、分析执行数据和信息，评估执行效果，及时发现执行偏差，并据此调整执行策略，以确保政策目标有效实现的能力。这一能力是政策执行闭环管理的关键环节，对于持续提升政策执行效率和效果至关重要。许多学者强调资源与官僚技术和能力的结合。官僚机构或行政管理可以根据员工能力、水平和规模、更高的资历和专业精神、知识利用、研究、评估、专业知识、领导力和职业系统进行评估。这些组成部分也是 Heclo（1974）所说的"分析和学习能力"的基础，即信息、分析和专业知识的管理资源。许多国家的政策分析能力被认为存在不足，包括研究、数据、模型、趋势、范围界定、预测以及更广泛的评估、员工的数量和质量、外部专业知识的获取和预算。

（一）数据收集与监测

建立有效的数据收集系统，确保执行过程中的关键信息、进展状况、成本效益等数据得以准确记录和汇总。利用现代信息技术手段，如大数据分析、云计算平台等，提高数据收集的实时性和准确性。在政策执行过程中，需要系统地收集相关数据，包括政策执行的进度、遇到的问题、产生的效果等。对这些数据进行深入分析，以评估政策的实际效果，发现执行中的问题和挑战。

（二）实时跟踪与评估

运用定量与定性相结合的方法，对政策执行的阶段性成果和最终效果进行全面评估，包括政策目标达成度、社会影响、经济效益、环境影响等多维度评价。通过建立有效的跟踪机制，实时了解政策执行的各个阶段和方面的情况。定期对政策执行效果进行评估，确定是否达到预期目标，以及是否需要调整。

（三）问题识别与偏差分析

通过对执行数据的深入分析，识别执行过程中存在的问题和偏差，如资源错配、执行力度不足、外部环境变化影响等，分析问题产生的原因。这些发现影响着如何理解政策结果，进而影响政策执行带来的结果。

（四）反馈机制

建立快速反馈机制，确保执行中的问题和评估结果能够及时传递给决策层和执行团队，为决策调整提供及时的信息支持。将评估结果和执行情况及时反馈给相关部门和决策者。反馈内容应具体、详细，包括政策执行的进度、遇到的问题、民众的反应等。在政策执行过程中应提升公众的参与度，这不仅可以增强政策的可接受性，还能及时发现和纠正执行中的问题。提高政策执行的透明度，强化公众对政府的信任和支持。

（五）调整与优化

将每次执行的经验教训转化为知识积累，促进组织学习，不断完善政策执行的理论与实践，形成持续改进的良性循环。根据反馈的信息，对政策进行必要的调整或优化，以确保政策更加符合实际情况和民众需求。调整可能涉及政策目标的修订、执行策略的改变、资源的重新分配等。根据反馈和评估结果，及时调整执行策略和行动计划，优化资源配置，改进执行方法，确保政策执行更加精准高效。

（六）透明度与公众参与

提高政策执行的透明度，通过公众参与和第三方评估增加反馈渠道，利用社会监督力量提升分析反馈的质量和客观性。有效的分析反馈能力还需要良好的沟通与协作机制。各部门之间应保持密切沟通，共同解决问题，确保政策的顺利执行。结果通常仅根据一项或多项政策的成功或失败来考虑，但在我们的重构中，核心关注点是政府是否能够满足对其提出的要求。

综上所述，政策执行的分析反馈能力是确保政策有效性和适应性的核心要素，它要求政策执行者具备数据分析能力、问题解决能力以及持续改进的意识，通过科学严谨的分析反馈机制，不断优化执行过程，提升政策执行的整体效能。

政策执行的分析反馈能力是指在政策执行过程中，对政策效果进行实时跟踪、评估，并及时将评估结果和执行情况反馈给相关部门和决策者，以便对政策进行必要调整或优化的能力。这种能力对于确保政策的有效性和适应性至关重要。为了提高政策执行的分析反馈能力，政府需要加强数据收集与分析能力、建立实时跟踪与评估机制、完善反馈和调整流程，并促进各部门之间的沟通与协作。通过这些措施，政府可以更加科学、有效地执行政策，更好地满足民众需求，实现社会公共利益的最大化。

第八节　提高政策执行能力，优化 政策执行效果

提高政策执行能力是增强政府整体效能的关键。它能提高政府应对复杂社会问题的能力，增强政府的公信力和民众的信任感。例如，2008 年的国际金融危机反映出许多工业化国家无力管理其金融部门，而发展中国家的能力不足是可以理解的。对能力差距的担忧引发了从业者和学者对政策能力的性质及其在当代的定义和构成的新兴趣。在全球化、数字化时代，政策环境日益复杂多变，研究政策执行能力可以帮助政府更好地应对新兴挑战，如技术变革、环境保护、社会治理等领域的政策执行问题。通过深入研究，可以识别政策执行过程中的障碍和瓶颈，提出改进措施，确保政策得到有效执行，从而更好地解决社会问题，实现政策预定的目标。

本书的概念框架与过去在界定政策能力方面的努力有所不同。第一，本书的框架不局限于政策进程中的某一特定职能、阶段或任务，而是涵盖所有政策进程，包括议程制定、决策、执行和评价。我们认识到，在履行这些职能方面所面临的挑战的性质是完全不同的，履行一项职能的充分能力并不能保证有效履行其他职能。同时，确实经常有一些技能和资源可以在任务环境中共享。第二，本书的框架超越了政府对能力的理解，并认识到广泛

的组织，如政党、非政府组织、私营企业和国际组织，以及多个社会机构都参与了政策过程，从而影响了政府的执行能力。因此，虽然政府的政策能力在决定政策结果方面发挥着关键作用，并且是本书的主要调查对象，但其他利益攸关方在政策执行方面的能力也是能力的一个重要方面，需要受到类似的对待。第三，分类法允许嵌套的能力模型。在系统层面，公共机构从国家和整个社会获得的支持和信任程度以及政策执行者运作的经济和安全系统的性质等能力是政策能力的关键组成部分。信任、现有人员和财政资源等因素是组织能力的关键决定因素，因此也是公众能力的关键决定因素（Wu et al.，2018）。

　　本书的概念框架将政策能力定义为技能和资源的组合。分析层面的能力有助于确保政策行动在技术上是合理的，因为如果执行的话，它们可以有助于实现政策目标；业务层面的能力使资源能够与政策行动相结合，以便在实践中得到执行，政治层面的能力有助于获得和维持对政策行动的政治支持。尽管这些政治、分析和操作层面的能力是相互关联的，但它们受到不同考虑因素的支配，并且它们对政策进程的贡献是不可分割和不可替代的。然而，特定政策的成功可能并不需要全部这些层面；相反，有些层面可能比其他层面更关键，这是该框架安排中允许的可能性。因此，这种分类为政策能力概念在实践中的应用提供了相当大的优势，因为这三种能力的改进是由不同的过程和考虑因素决定的，如果忽略或错误地并置其中任何一个过程和考虑因素，这些过程和考虑因素就会消失。虽然现有的政策能力定义往往侧重于宏观层面的能力，如整个政府或国家，但这一层面的政策能力并不是存在于真空中，个体参与者和机构所展现的技术和能力可以发挥作用。在执行政策过程中的关键职能方面发挥着决定性作用。在个人层面，政策制定者、公共管理者和政策分析师等政策专业人员在决定政策过程中各项任务和职能的执行情况方面发挥着关键作用，他们的政策能力取决于他们对政策流程的了解，他们的政策分析和评估技能，他们的管理专业知识，以及他们的政治判断。但与此同时，高水平的个人政策能力可能并不能保证政策的有效性，因为组织和系统层面需要资源和能力（Wu et al.，2018）。

第六章　政策监管与政策执行

> 人民的幸福是至高无上的法。
>
> ——〔古罗马〕西塞罗

1950~1980 年，当政策研究本身如雨后春笋般涌现时，研究政策过程如何运作的愿望在许多方面都只是一个次要问题。如果能够找到正确的政策，并解决其设计难题，那么社会问题的解决就会取得进展。只有少数人——怀疑现代政府是否真的有解决问题的意愿的激进分析人士和怀疑现代政府是否有解决问题的能力的保守分析人士——提出了质疑，并建议应该给予执行部分更多关注。公共政策过程，特别是与执行有关的部分，在很大程度上是一个组织过程。它涉及组织内部和组织之间的工作（Hill & Varone，2021）。

第一节　自由裁量权

国家的一些关键理论——特别是精英主义理论、理性选择理论和制度理论——都关注有关官僚权力的问题。"官僚机构"是一个中性术语，用于描述复杂的组织，特别是政府组织。但它也被用作贬义词，表示难以理解、笨重且缺乏想象力的组织。公共组织等级模型的一个关键问题是规定官员职责和义务的规则与允许官员自由选择行动的自由裁量权之间的关系。这个主题显然对于自上而下的执行模式的问责制模式至关重要，毫不奇怪，它也是政策执行文献中关注的焦点。然而，这些文献的关注点往往涉及对自由裁量权的处理方法，这些方法在很大程度上将规则视为法定背景和酌情行动，因为不涉及太多个人对行动方针的选择（许多人认为这是理所当然的和不可避免的），而是将其视为特殊情况合法背离法律规则结构规定的行动（Hill & Varone，2021）。

在任何受法律监管的行政体系中，自由裁量权都将嵌入规则结构中——至少以一种明确的形式表明，只有在非常特定的情况下，官员才能为所欲为（可能是随后出台的法律）。最接近这种形式的是赋予某些官员非常强大的权力，以维护公共安全或阻止被视为对政权构成威胁的外国人进入该国。这种内在的自由裁量权特征导致了那些使用该概念的广义定义和狭义定义的人之间相当混乱的争论。也许对自由裁量权最有影响力的定义是 Davis（1969）做出的："公职人员在其权力的有效限制内允许自由地在可能的行动和不行动之间做出选择的权力。"其他人则使用了相当严格的定义。例如，Bull（1980）和 Donnison（1977）在分别讨论社会保障自由裁量权时，区分了判断力（需要对规则进行简单解释）和自由裁量权（规则赋予特定官员在特定情况下的自由裁量权）。公职人员有责任做出他们认为合适的决定。这似乎造成了不必要的区别。如果所有自由裁量权都在某种程度上嵌入规则结构中［Dworkin（1977）称之为"甜甜圈上的洞"］，那么Bull 和 Donnison 只是在更多和更少结构化的自由裁量权之间进行区分，或者在 Dworkin 所定义的自由裁量权之间进行区分，称为弱形式和强形式。对自由裁量权的研究必然涉及对规则的研究，并且可以被定义为关注规则决定行动的程度。这也意味着自由裁量权的行使必须关注违反规则的情况，因为在现实生活中，对规则遵循允许自由裁量权的程度的解释不知不觉地融入了有意或无意地忽视规则。

Davis（1969）主张，任何行使自由裁量权的规则结构都应尽可能严格。他认为："我们的政府和法律体系充斥着过多的自由裁量权，需要对其进行限制、构建和检查。"我们必须睁开眼睛，看到这样一个现实，即对个别当事人的正义更多的是在法院外而不是在法院内得到执行，我们必须深入警察、检察官和其他行政人员自由裁量决定的令人不快的领域，在这些领域，不公正现象大量集中，需要进行彻底的改革。Davis（1969）认为，公民的程序正义权可以通过更早、更详尽的行政规则制定以及更好地构建和检查自由裁量权来实现。因此，他担心公共组织需要控制个别公职人员的自由裁量权，他认为这应该主要通过向公众开放的规则来尝试。

在英国，Jowell 继承了 Davis 在美国所表现出的对自由裁量权的关注。Jowell 对自由裁量权的定义与 Davis 的相似。他将其定义为"决策者拥有的决策回旋余地"（Jowell，1973），并认为关键是需要确保决策者不能任意做出决定。然而，Jowell 比 Davis 更强调减少行政自由裁量权的困难。特别是，他展示了决策必须考虑的许多因素本质上很难在规则中具体说明。立法者关心的是防止政策危险，例如确保食品卫生、工厂安全等。提供明确的规则来定义什么是安全的或危险的，什么是卫生的或受污染的，通常很困难。立法者可能需要执法专家的帮助来提供一些具体规则。从这个意义上说，当执行经验允许制定明确的规则时，自由裁量权可能会在以后受到限制。立法上的冲突可能导致问题变得模糊，立法者逃避了制定更明确规则的责任。但情况可能是，将标准转化为明确的规则非常困难，甚至实际上是不可能的。Jowell 对限制自由裁量权问题进行了有价值的讨论，其中涉及标准的执行。他认为，标准可以通过规范、要采取的事实来变得更加精确。这个关于标准的问题已经在其他关于自由裁量权的法律著作中得到讨论——因此 Dworkin（1977）区分了强自由裁量权（决策者制定标准）和弱自由裁量权。Galligan（1986）同样关注以这种方式分析自由裁量权，指出决策者必须应用标准来解释事实。这些区别可能看起来非常学术化，但它们在政策执行中非常重要，可以区分官员权力范围内的决定和非官员权力范围内的决定，从而确定一些政策的干预是否适当（Hill & Varone，2021）。

第二节　政策监管与政策执行的作用框架

Weber 认为官僚机构是一个两面性的组织，可以同时从两个方面看待。一方面是专业管理，另一方面是纪律管理。Weber 认为规则和自由裁量权之间的关系问题非常复杂，某些形式的自由裁量权是不可避免的（Hill & Varone，2021）。政策执行是将政策规划转化为具体行动的过程，旨在通过各种行政手段和措施，将政策意图转化为实际的社会效果。执行阶段涉及资源配置、组织协调、行动实施、问题应对等多个环节，是政策效果显现的直接操作阶段。有效的政策执行需要明确的执行计划、充足的资源支持、有力的组织保障、良好的沟通协调机制以及对执行过程中可能出现问题的预见性和应对能力。政策监管与政策执行是相辅相成的。有效的政策监管可以确保政策执行的合规性和效率，而成功的政策执行则是政策监管的目标和成果。两者之间的互动可以形成一个正向的反馈循环，不断改进政策过程，优化政策效果。

一　确保政策执行的合法合规

政策监管通过监督和检查政策执行过程中的各个环节，确保所有行动都符合政策文本和法律要求，防止执行偏差和滥用职权。保证政策的合法性与贯彻执行。政策监管确保政策的制定和执行严格遵守法定的程序和原则，并对政策的执行活动进行检查、监督，以保证政策达到预期目标。这有助于维护政策的权威性和公信力。

二　确保政策执行的程序正义

确保政策执行的程序正义是维护政策合法性和公众信任的基

础，它要求政策执行过程不仅要追求结果的正当，还要注重过程的公正、透明和参与性。政策执行的依据、过程、结果应公开透明，确保所有相关信息可获取，让公众、媒体和利益相关者能够监督政策执行的每一个环节。确保政策执行过程中不存在偏见和歧视，所有个体和组织受到平等对待。这意味着执行标准一致，不因个人背景、地位等因素而有所差异，同时保护弱势群体的权益，避免政策执行过程中的不公。

三　确保政策执行的结果正义

确保政策执行的结果正义，意味着政策执行后能够实现既定的社会目标，公平地惠及所有目标群体，减少或纠正不平等现象，促进社会整体福祉的提升。在政策设计和执行过程中，要充分考虑不同群体的利益，尤其是保护弱势群体和边缘化群体的利益，力求实现利益均衡，减少或避免政策执行带来的负面效应。对于政策执行过程中可能产生的不公或意外伤害，应设计补偿机制，对受影响群体进行合理补偿。同时，针对发现的问题及时采取矫正措施，确保正义得以恢复。

四　确保政策执行的奖惩措施

政策执行的奖惩措施是确保政策有效执行的重要手段，旨在通过正向激励和负向约束双重机制，推动政策目标的顺利达成。奖惩标准和程序应公开透明，确保所有执行者都清楚什么样的行为会得到奖励，什么样的行为将受到惩罚。奖惩措施应基于客观标准和实际绩效，避免主观判断，确保评价和处理过程的公正公平。奖惩措施应在行为发生后尽快实施，以增强即时反馈效应，提高政策执行的即时调整能力。奖惩力度应与行为的性质和影响相匹配，既要起到警示和激励作用，又不能过度，避免产生负面效果。奖惩机制应作为政策执行体系的一部分持续运行，定期评估并调整奖惩措施，确保其有效性。

第三节　政策执行的合法合规

政策执行是将政策意图转化为实际行动，通过组织、协调、控制等手段将政策目标转化为具体社会实践的过程。政策合法性检查是指在政策制定和执行之前及过程中，对政策内容、程序、依据等方面进行审查，以验证政策是否符合宪法、法律法规以及社会道德标准。合法性检查的重要性在于，确保政策不违背宪法基本原则，维护国家法制统一。确认政策制定过程遵循了法定程序，如公众咨询、专家论证等。检查政策是否侵犯公民基本权利，保障人权和自由。合法的政策执行更容易增强政策公信力，获得公众的认可和服从，提高执行效率，还可以预防法律风险，避免因违法而引发的法律诉讼或政策撤销，减少行政成本。在合法性检查过程中，可能会发现政策设计上的缺陷或不完善之处，这有助于在政策执行前对政策进行修订和优化，以提高其可行性和有效性。

一　合乎法律

Weber（1947）的第三种权威"理性法律"探讨了"法治"

作为合法统治基础的重要性。Weber 认为合法性最常见的基础是对合法性的信念，即愿意遵守形式上正确的规则并通过公认的程序强加的规则。每一项法律本质上都由有意制定的一致的抽象规则体系组成。Weber 接着还区分了源自自愿协议的社会秩序和强加的社会秩序，但他称这种区别"只是相对的"。他认为法律权威"有效性"的核心思想中最主要的因素是：任何特定的法律规范都可以基于权宜之计或理性价值观或两者兼而有之，通过协议或强加的方式制定，并要求至少政策范围内的成员的服从。然而，这通常延伸到包括所涉权威或权力范围内的所有个人。他们处于某些社会关系中，或进行某种形式的社会行动，这些社会行动在管理经济社会的命令中已被宣布具有合法性。因此，关于官方规则的合法性以及它们可能明确或暗示地传达的相关自由裁量权的问题，可能会因其具体来源、宪法背景或更广泛的原则而引起争议。然而，这并不是一件简单的事情。

根据 Wade（1982）的说法，"法治"的两个关键要素是："一切都必须依法行事"，当应用于政府权力时，这意味着"影响任何人的合法权利、义务或自由的每一项行为都必须证明具有严格的合法性"，受影响的人总是可以诉诸法院，如果法律规范不完全符合法院的要求，法院将使该行为无效，然后他可以安全地忽略该行为；政府应在限制自由裁量权的公认规则和原则框架内运作。所有关注组织复杂性的学者都承认，在这些不同的组织之间以及在项目内部存在控制、协调和沟通的相关问题（Dunsire，1978b）。人们注意到所涉及的相互依赖性，进而注意到在等级制度中上级可能依赖于下级这一事实。Gouldner（1954）在《工业官僚主义模式》中进一步提出了这一点，他指出，上级颁布规则来限制下级自由裁量权的等级关系的自上而下的表现有时可能会被颠倒过来。他提请注意规则的制定，这些规则限制上级为了下级的利益而自由裁量的自由。对此的经典讨论出现，他在其中展示了工人在制定规则以保护其利益方面可以发挥的作用。他的关注重点是在先前建立的关系破裂的情况下，任何一方对规则的诉求：当处于特定社会地位的人（即管理层）认为处于相对地位的人（即工人）未能履行其角色义务时，其就会努力制定新的官僚规则或强制执行旧的规则。

二　合乎规范

多年来，合乎规范的含义不断扩大。该术语现在经常用于描述不一定存在权威关系和正式执行流程的核心特征的情况。当然，公众不再从严格的法律和组织角度看待规范。对他们来说，合乎规范是一种更广泛的专业、伦理和道德建构，只有当选和任命的公职人员承诺做正确的事，才能实现这一目标（Thomas，2003）。这涉及两方面：一方面是认识到现代政策执行背景下问责关系的复杂性，以及组织内和组织间的复杂性；另一方面是对"法律"和"规范"的辨析。Gregory（2012）认为："法律是政治和组织内部管理的问题，而规范往往涉及道德冲突和生死问题。"因此，许多组织理论研究都是对规则和规则之间的平衡的研究，关注组织内的规则制定和控制下属单位的规范。Simon

（1957）在他的经典著作《行政行为》中强调了政策执行所依据的各种前提的重要性。Simon 认为：如果理性人做出决定所依据的价值和事实前提是明确的，那么他的行为就可以被控制。这种控制可以是整体的，也可以是部分的——所有前提都可以指定，或者一些前提可以由他自行决定。那么，影响力是通过控制决策前提来展现的。

政策合法性检查是政策执行的基础和前提，它为政策执行提供了法律保障，确保了政策的合法性和正当性，是政策成功执行的关键因素之一。未经严格合法性检查的政策，在执行过程中可能会遭遇法律挑战、公众质疑甚至抵抗，影响执行效率和效果。反之，政策执行的实践反馈也能进一步检验政策的合法性，通过执行中的问题发现和调整，可以反向促进政策的修改完善，增强其合法性。因此，政策合法性检查与政策执行是相互作用、相互促进的过程，共同确保政策的有效执行和社会目标的实现。合法性检查确认政策的合法性，增强了政策的权威性，使政策执行者能够更有信心和力度地执行政策，同时也能提高公众对政策的接受度和遵从度。通过合法性检查，可以确保政策与现有的法律框架和政策体系保持一致，避免政策之间的冲突和混乱，从而提高政策执行的连贯性和一致性。合法性检查有助于确保政策不会侵犯公民的合法权益，如言论自由、隐私权等，这对于维护社会稳定和提升公民对政府的信任度至关重要。合法性检查为政策执行提供了法律依据，使政策执行者在面对法律挑战时有法可依、有章可循。合法性检查不仅是政策执行前的一个环节，也应该是政策执行过程中的持续活动。通过对政策执行进行法律监督，可以及时发现并纠正执行中的偏差和违法行为。合法性检查是法治原则的具体体现，它促进了政府行为的规范化，提升了法律的约束力，是建设法治国家的重要组成部分。

第四节　政策执行的程序正义

一　透明性

政策执行的相关信息、标准、流程应当公开透明，让公众能够容易获取和理解，确保政策执行过程中的每一步都能受到监督。透明性是确保政策从制定到执行每个环节得到有效贯彻的重要机制。通过对政策执行过程进行透明性监督，可以及时发现并纠正执行中的偏差或问题，确保政策按照既定目标和规划进行。透明性机制的存在可以有效遏制执行过程中的权力滥用和腐败行为，维护政策的公正性和权威性。通过透明性机制，可以促使执行机构更加高效、负责地执行任务，从而提高政府整体的工作效率。透明性机制跟踪政策执行的进度，确保按照既定的时间表和计划进行。透明公开是程序正义的重要保障。政策的执行过程和结果应当对参与者和社会公众保持透明，以便有效地避免政策执行中的不当行为和不公正现象。这要求政策的设计和执行尽可能做到信息公开，让所有相关方都能够清楚地了解政策的执行过程和结果，以便监督和评估政策的公正性和合理性。基于监督结果，总结经验教训，对政策执行机制和流程进行持续优化，提升政策执行的适应性和灵活性。政策执行监督是一个动态的、持续的过程，需要多方面的参与和协作，包括政府内部监督机构、独立的第三方评估机构、社会公众、媒体等，共同形成多元化的监督网络，确保政策执行既高效又合规。

二 参与性

在政策制定和执行初期，应给予利益相关方，特别是可能受政策影响较大的群体足够的机会参与讨论、表达意见和建议，确保他们的声音被听到并考虑进去。组织背景下的完全真空的概念是不现实的。否则，这就不是对等级关系中自由裁量权地位的有价值的陈述。Simon（1957）接着指出，组织系统内会创建一系列自由裁量权区域，在这些区域中，个人可以在上级提供的总体框架内自由地解释自己的任务。他引用了一个与"现代战场"相关的军事例子，认识到即使在等级最高、专制的组织中，个人参与性也普遍存在。Dunsire（1978a）将组织活动描述为"项目中的参与"。在层次结构中，下级程序依赖于上级程序，但它们可能涉及特殊类型的参与活动。Dunsire 阐述了一个铁路关闭的例子，以表明虽然火车改道、出售铁路财产以及在链条的最末端从废弃轨道上移除道砟等活动必然取决于有关铁路运营的上级决策，但生产线的关闭，其执行方式并不是由最高层的决策预先确定的。他认为，高层的决策具有高度的普遍性，而底层的参与则具有高度的特殊性。然而，这并不意味着"处于高特异性水平的工人必然拥有较小的自由裁量权，他们比一般水平上的工人的自由裁量权要大"（Dunsire，1978a）。这种方法有助于我们理解与教育或医学等专业等级相关的个人参与性概念的使用。此类层次结构顶部的组织或规划活动为现场级别的决策提供了背景，但不一定预先确定，其中执行特殊的政策必须完全由上级决定，而没有执行过程中的参与性（Hill & Varone，2021）。

三　无偏性

在政策执行过程中应保持中立，不因个人偏好、种族、性别、宗教等因素而有所偏颇，确保所有个人或团体在相同情况下得到一致对待。确保在政策执行过程中不偏离原定政策目标，监督执行活动是否围绕政策核心目标展开，防止目标偏移。开展检查、访谈、暗访，通过深入实际、了解真实情况的方式，对政策执行的无偏见性进行更为深入的监督。对于较复杂的项目或工程，可以通过组织座谈、听证、评估这些方式全面了解政策执行无偏见情况及存在的问题。及时发现执行过程中出现的问题和偏差，包括执行不力、执行错误、外部环境变化导致的挑战等，并提出改进建议或采取纠正措施。定期对政策执行效果进行评估，包括政策目标达成度、社会效益、经济效益等，通过数据和实证分析判断政策执行的成效。跟踪政策执行过程中的资源配置与使用情况，评估资源是否被合理、高效地利用，防止资源浪费和挪用。建立有效的信息反馈机制，确保执行信息能够及时、准确地向上级管理部门报告，同时也便于公众参与监督，反映执行中的问题和意见。对于执行不力、违规操作等情况，依法依规追究相关责任人的责任，增强政策执行的严肃性和权威性。

四 合理性

政策执行采取的措施和手段应当与政策目标相匹配，避免过度干预或不必要的限制，同时考虑到成本效益和社会影响，确保政策执行的合理性。Weber（1947）认为，官僚管理形式的力量取决于其形式理性，许多现代组织研究者将这一概念等同于效率。对 Weber 概念的这种解释引发了对形式主义和效率之间关系的一些有用的讨论，但也为 Weber 理论提供了证明。Albrow（1970）展示了这种混乱是如何产生的，并对 Weber 的立场进行了以下澄清：形式理性与效率之间的真正关系可以通过通常衡量效率的手段来最好地理解，即以金钱、时间或能源消耗来计算成本。此类计算是正式程序，其本身并不保证效率，但属于确定已达到何种效率水平的条件之一。Weber 形式理性思想的核心是正确计算的思想，无论是用数字术语，还是用逻辑术语。这通常是实现目标的必要条件，但不是充分条件；它甚至可能与物质理性相冲突（Hill & Varone，2021）。

五 可预期性

政策执行的标准、流程应当清晰明确，使公众能够预见到自己的行为后果，降低不确定性。但对关键政策的研究评估进展缓慢，并且得出的结果模棱两可（Pollitt，2003）。政策执行理论探讨了政策执行在社会冲突情况下的多种可能。因此，在任何一方都试图影响另一方行动自由的关系背景下，必须研究规则和自由裁量权。重要的是摆脱组织理论中旧有的强调，即从有关上级的角度看待规则和自由裁量权的关系，以在可接受的范围内限制自由裁量权，实现合理管理。相反，我们应该关注规则和自由裁量权在等级制度中被操纵和讨价还价的程度。Fox（1974）从对劳资政策的关注开始审视这个问题，有趣地将可预期性与政策执行结果联系起来。他通过详细的描述提出了自上而下的担忧，并展示了如何创建或加强预期关系。Baumgartner（1992）批评了法律对自由裁量行为不可预测的担忧，并认为"社会法"使其可预测。她分析了官方交往的各种社会学特征对其结果的影响。在某些方面，她讽刺了法律方法——像 Davis 这样的人对自由裁量权监管的关注既基于对其中的社会偏见的担忧，也基于其不可预测性。然而，这种社会学视角很重要，它提醒我们，社会学意义上的"规则"可能像政策制定者和管理者宣示的那样，在官方行为过程中很容易"制定"。此外，这些"社会规则"可能具有赋予它们难以抗拒的力量的特征。

第五节　政策执行的结果正义

　　形式限制和社会背景对自由裁量权的限制之间的区别可以比喻为一堵墙和一条湍急的溪流之间的区别。墙很坚固，轮廓分明，撞上去会很疼。湍急的溪流是移动的；水流的速度各不相同；水流在中间比在边缘更强大。进入溪流并不总是有害的。事实上，有时这可能是令人愉快的。然而，当溪流冲破最强大的阻力，为自己开辟一条道路时，墙可能会被攻击和破坏（Hill & Varone，2021）。

一　公平正义

政策执行的结果应当促进资源、机会的公平分配，减少社会不平等，确保不同社会群体能够按照其需求和贡献获得相应的利益。现实的"公平正义"很难实现。参与者有充分的理由试图确保长期、稳定、非竞争性的关系。"追求卓越"或"重塑政府"涉及尝试建立"后福特主义"的行政组织形式，以对抗与传统等级制度相关的政策执行"疾病"。然而，这种针对低效政府的补救措施与"理性选择"理论之间存在冲突，"理性选择"理论将官僚自治视为政府效率低下的一个关键原因。此外，必须注意工作人员拥有高度自由裁量权的灵活组织与使用规则确保问责制之间的冲突。

二　无害原则

在追求特定政策目标的同时，应确保执行过程及结果不对其他群体或环境造成不必要的伤害，遵循"无害"原则。政策无害评估可以根据不同的标准来进行，如合规评估、效果评估、经济性评估等。这些标准有助于全面、客观地衡量政策的执行效果。政策无害评估可以采用定量和定性相结合的方法进行，包括数据收集、问卷调查、专家评估等手段。这些方法能够提供更准确、全面的评估结果。政策无害评估对于提高政策执行质量、优化资源配置、增强政策公信力具有重要作用。它可以帮助决策者了解政策执行的效果，以便及时调整政策方向和内容。政策执行是实现政策目标的具体行动，而政策无害评估则是检验这些行动是否有效达成目标的重要手段。两者都围绕政策目标的无害实现展开。政策无害评估的结果为政策执行提供了反馈信息，帮助识别执行过程中的问题、偏差和不足，为政策调整和优化执行策略提供依据。有效的政策执行是获取高质量评估结果的基础，而准确、全面的无害评估又能促进政策执行的改进和创新，两者相互促进，形成政策改进的良性循环。通过政策无害评估，可以发现政策设计、执行机制等方面的不足，为后续政策的修订、执行策略的调整提供指导，推动政策质量的持续提升。综上所述，政策执行与政策无害评估是政策生命周期中不可或缺的两个环节，它们相互依赖、相互作用，共同推动政策目标的高效实现和社会问题的有效解决。政策无害评估流程需要充分考虑政策的复杂性、执行环境的多样性以及利益相关者的期望，确保评估结果准确、公正、有用。最后，要将政策无害评估过程、方法和结果都整理成报告，报告应包括政策背景、评估目的、评估方法、主要发现、结论和建议等内容。

三 灵活性与适应性

面对复杂多变的社会现实，政策执行应具备一定的灵活性，能根据实际情况调整策略，以更好地实现结果正义。建立有效的反馈机制，根据政策执行的实际效果进行评估，并根据评估结果及时调整政策方向或执行策略，确保结果更加符合正义标准。另外，Blau（1955）展示了一线官僚如何无视规则，以使他们能够更有效地与同事和与他们打交道的公众建立联系。从这个意义上说，放宽或打破规则可以替代自由裁量权，从而形成一个反应灵敏的组织。然而，这里存在关于这种自由裁量权的合法性的问题，以及它可以在多大程度上有利于某些客户而不是其他客户。Merton（1957）对"过度服从"官僚的描述——这些官僚因为只应用法律的文字而不是法律的精神而制造了问题——以及 Lipsky（1980）关于"街头官僚机构"的研究，回到了这个主题。因此，对组织理论中自由裁量权处理的探讨表明，自由裁量权可能成为官僚机构中的一个重要现象有多种原因。有时，组织灵活性的概念和正式要求与非正式行为之间（或者更明确地说是规则制定或执行与违反规则之间）冲突的概念会产生混淆，在组织灵活性中的自由裁量权，特别是专业自由裁量权被视为固有特征。这种混乱可能反映了这样一个事实：在现实中，这些现象不能轻易分开。组织不仅仅是可以发展非正式行为的固定实体。它们处于永久的变化状态，随着利益冲突的相互作用，新的规则和新的规则破坏形式都会出现。在一种极端情况下，授予自由裁量权可能是正式设计的一个必要的组成部分，或者是对政策的组织现实不情愿的让步。相反，对自由裁量权的新限制可能源于上级试图维护其等级权利，或源于下级为其活动引入更大确定性的愿望。因此，在最后一个意义上，规则制定与等级控制之间，或者自由裁量权的保留与从属自由之间，并不存在简单的等式（Hill & Varone，2021）。

四　综合考量

在评价结果正义时，需要综合考量经济、社会、环境等多个维度的影响，确保政策不仅在经济上有效，在社会和环境上也是负责任的。政策执行产生的结果应当具有长期的可持续性，不仅解决当前问题，而且为未来的发展奠定良好基础，避免短视行为带来的负面后果。要想达成这一目标需要做好两个方面。其中之一是管理控制应该处理广泛的一般参数，而将许多细节留在"街道层面"解决。这就是"掌舵"而不是"划船"的领导组织的想法（Osborne & Gaebler，1992）。政策指导被视为涉及财务框架的设定和一系列激励措施的规范（Kickert，1995）。另一种控制方法涉及强调需要收集绩效信息的回顾性控制。根据此类数据实施奖励或制裁。如果准市场体系正在运行，最关键的制裁可能是终止政策。而财政限制和对制裁的恐惧则强化了强有力的中央政策。某些形式的政策控制以牺牲专业自主权为代价而得到加强，特别是当这些政策管理者持有与亲市场参与者相一致的价值观时（Hoggett，1996）。

五　实际成效

政策目标的实现应当有实质性的成果，能够有效解决政策旨在应对的社会问题，改善公众的生活质量或社会状况。政策绩效评估是对政策执行效果进行系统性、客观性评价的过程，旨在通过量化和质化的分析，判断政策是否达到预期目标、是否有效解决社会问题、是否经济高效以及是否存在负面影响等。绩效评估通常包括设定评估标准、收集数据、分析比较、得出结论和提出建议等步骤。评估结果不仅是对过往政策执行效果的总结，也是未来政策调整优化的重要依据。政策绩效评估是对政策执行后的效果、效率、影响和可持续性进行评价和测量的过程。政策绩效评估是政策执行的重要组成部分，它不仅评估政策的效果，还为改进政策执行提供依据。通过持续的绩效评估，可以确保政策执行更加符合目标，更加高效和透明。政策绩效评估与政策执行是相辅相成的两个环节。通过加强评估和执行之间的协调和配合，可以提高政策执行的效率和质量，确保政策目标的实现。同时，也需要不断完善评估方法和执行机制，以适应社会发展和公众需求的变化。通过政策绩效评估，可以识别资源分配的有效性，确保资源被用于最有效的政策领域，从而提高资源利用效率。

第六节　政策执行的公平正义

如果一个人的出发点是对问责制的狭义而非广义定义，那么就必须认识到"问责制是一个毫无歉意的官僚概念"（Kearns，2003），这一点尤其体现在代议制政府的传统概念中。在公共行政研究中，问责制主题很早就出现在政治与行政分离的努力中，其根源在于民主国家政治应该设定行政目标以付诸实践。尽管所有证据表明这种区别在实践中很难做出，但这种想法仍然存在。因此，有一种问责方法，我们仍然可以称之为主导方法，它将政治以"最高"代议制政府的形式置于主导地位。这种问责方法随后获得了不同来源的支持，即赋予政策行动合法性的法律主义观点，即政策行动应该在"法治"的框架内。在这个主题的一些更具哲学性的方法中，这可能涉及诸如源自普遍原则的"自然"或"普通"法原则之类的概念独立于政府的行动（这一观点在人权和国际法律原则的讨论中具有重要意义）。

政策奖惩措施与政策执行之间存在密切的关系。政策奖惩措施是为了激励和约束政策执行者，确保政策得到有效执行。合理的奖惩措施可以促使执行者更加积极主动地执行任务，减少拖延和推诿现象，从而提高政策的执行效率。通过奖惩措施，可以让执行者更加明确政策的目标和意义，增强他们对政策的认同感和归属感，从而更加努力地贯彻执行。奖惩措施可以确保政策执行者按照既定的目标和规划进行工作，从而保障政策目标的实现。制定明确的奖惩标准，确保奖惩的公正性和合理性。同时，要根据实际情况及时调整奖惩力度，以保持其激励和约束作用。及时对执行者的行为进行奖惩，可以让执行者及时了解自己的工作表现，并调整自己的行为方式。建立健全的监督机制，对执行者的行为进行实时监控和反馈，确保奖惩措施的落实和执行效果。政策奖惩措施对政策执行具有重要的影响和作用。合理运用奖惩措施可以激励执行者更加努力地贯彻执行政策，同时也可以对不当行为进行约束和惩罚，从而保障政策的顺利执行和目标的实现。

一　奖励措施

奖励措施能够激发政策执行者的积极性和主动性，鼓励他们更有效地执行政策。奖励可以是物质的，如奖金；也可以是精神的，如晋升、大会表彰、荣誉证书。通过正面激励，提高政策执行者的成就感和归属感，促使他们更加忠诚和高效地完成任务。

正面激励：通过奖金、晋升、表彰等正面激励措施，鼓励政策执行者积极履行职责，提高工作绩效。

职业发展：为表现出色的政策执行者提供职业发展机会，如培训、进修等，以提高其专业能力和工作动力。

公众认可：通过媒体宣传、公开表彰等方式，提高政策执行者的社会知名度和公众认可度。

环境优化：提供良好的工作环境和工作条件，提高政策执行者的工作满意度和忠诚度。

绩效反馈：定期提供绩效反馈，让政策执行者了解自己的工作成效，从而激发其改进工作的意愿。

二 惩罚措施

惩罚措施为政策执行设定了底线，对那些未能有效执行政策或违反政策规定的个人或机构施以处罚，包括警告、罚款、降级乃至追究法律责任等。这种约束机制有助于防止政策执行中的懈怠、敷衍和违法违规行为，确保政策执行的严肃性和有效性。

负面激励：对未能按照政策要求执行或执行效果不佳的政策执行者，采取警告、罚款、降职等惩罚措施。

责任追究：对因玩忽职守、滥用职权等导致政策执行出现重大失误的个人或集体，依法追究责任。

监督审计：加强监督和审计，对政策执行中的违规行为进行查处，确保政策执行的合规性。

公众问责：通过公众参与和媒体监督，对政策执行中的问题进行公开问责，提高政策执行的透明度和公正性。

制度约束：建立和完善相关制度，对政策执行者的行为进行规范和约束，防止权力滥用和腐败行为。

通过合理设计和采取奖惩措施，可以有效地激励政策执行者，提高政策执行的效率和效果，确保政策目标的顺利实现。长期实施有效的奖惩制度，能够塑造积极向上的组织文化，形成以结果为导向的工作氛围。这种文化鼓励创新、注重实效，使政策执行不仅仅是遵从命令，更是主动寻求最佳执行路径。奖惩机制还应与政策执行的评估和反馈机制紧密结合，根据执行效果的评估结果进行适时调整。通过反馈，可以及时发现奖惩措施的不足，优化调整，确保其始终能够有效引导和激励政策执行。综上所述，政策奖惩措施是推动政策执行效率和质量提升的重要方式。通过合理的奖惩设计，可以有效引导政策执行者的行为，确保政策意图得到忠实、高效的贯彻执行。

第七节 政策监管与政策执行的"向阳共生"

提高政策监管水平是确保政策有效执行、维护市场秩序、保护公共利益和促进经济社会健康发展的重要途径。确立清晰的监管目标，明确要解决的问题和期望达到的效果。遵循公平、透明、可预测和一致性的原则，确保监管的公正性和有效性。提升监管人员的专业素养和技能，通过培训和教育不断更新知识储备。投入更多资源用于监管技术和设备的更新升级，利用现代科技手段提高监管效率。建立健全相关法规体系，为监管提供法律保障。定期评估和修订监管政策，确保其适应经济社会发展的需要。建立跨部门的信息共享机制，打破信息孤岛，提高监管的及时性和准确性。加强不同部门之间的协作，形成合力，共同应对复杂的市场环境。鼓励公众参与监管过程，提供举报渠道，增强社会监督的力量。定期公开监管信息和数据，提高透明度，增强公众信任。探索使用大数据、人工智能等先进技术进行智能监管，提高监管效率和准确性。实施风险导向的监管策略，重点关注高风险领域和环节。建立严格的责任追究机制，对监管失职或不当行为进行严厉追责，确保监管人员严格履行职责。设立有效的申诉和救济机制，保护被监管对象的合法权益。学习借鉴国际先进的监管经验和做法，提升本国监管水平。积极参与国际监管合作，共同应对跨国性问题和挑战。

深入研究和修订相关法律法规，以确保其适应性和有效性。法律法规应明确政策监管部门的职责和权力，为监管工作提供坚实的法律基础。加大对违法行为的处罚力度，提高违法成本，从而形成有效的威慑力。明确各部门的监管职责，避免职能重叠和监管空白，形成高效、协调的监管体系。加强部门间的信息共享和协同合作，建立跨部门的信息交流平台，提高监管效率和准确性。严格执法，确保各项政策措施得到有效执行。对于违法行为，应依法严肃处理，维护政策秩序和公众利益。建立健全执法监督机制，加强对执法人员的培训和管理，提高执法水平和公正性。利用现代信息技术手段，建立和完善监管信息系统，实现监管信息的实时共享和更新。通过大数据分析等技术手段，及时发现和预警潜在风险，提高监管的精准度和前瞻性。建立公开透明的监管机制，及时公布监管信息和数据，接受社会监督。鼓励公众参与监管过程，提供举报渠道，建立奖励机制，增强社会监督的力量。根据不同层级的职责和功能，建立分级分类的监管体系，实现高效的监管。加大对下级监管机构的指导和培训力度，提高基层监管水平和能力。

通过加强法律法规建设、优化监管部门设置与职能、加大监管执法力度、推动信息化建设、加强社会参与和监督以及建立多级监管体系等措施，可以有效提高政策监管水平。这些措施的实施需要政府、企业和社会各界的共同努力和配合。政策监管，也被称为政府规制或者政府监督，主要是指政府制定相应的公共政策并以此为目标，依照法律赋予的权利对政策执行对象的活动或行为进行监管。这种监管旨在确保政策的顺利执行，保障公共利益，并促进社会的公平与正义。对政府机关及其工作人员的行政行为进行监督检查，确保其依法行政、廉洁高效。上级机关对下级机关和所属部门的工作进行指导和监督，确保其按照政策要求开展工作，并对人事任免进行把关。下级机关和所属部门也可以对上级机关进行监督，确保其权力的合法性和合理性。对政策的制定、执行和效果进行全面的监督和控制，确保政策的科学性、合理性和有效性。针对特定领域或行业的政策进行专业的监督和控制，确保其符合行业特点和实际需求。政府对政策执行效果进行评估，收集反馈意见和数据，根据评估结果进行政策的调整和改进，以确保政策能够持续适应社会需求和问题的变化。

政策体系的制度复杂性意味着有广泛的机构负责解释并可能扩大其法定职责。因此，不可能简单地区分立法机关制定的法定规则和官员的自由裁量权。从传统的角度来看，中介部门、地方政府等本身可以被视为自由裁量行为者，参与从属的规则制定过程。大量判例法约束着这些过程。传统上，英国行政法教科书将行政自由裁量权视为政治体系中"理所当然"的现象。其指出，法院关注的是：（1）所行使的自由裁量权是否已由法规明确授予；（2）这些权力的行使是否在自然正义的范围内（这些权力的行使是否合理并符合正当程序）；（3）如果法规授予自由裁量权，那么使用这些权力的官员不应制定在实践中限制自由裁量权的规则。因此，处理问责问题的"法治"方法主要强化了自上而下的问责模式，体现为代议制民主背景下政治至上的概念，但它可能应该有更广泛的原则。它在对"议会"负责和对"法院"负责之间建立了一种紧张关系，这种紧张关系的最明显形式是美国宪法赋予最高法院最高地位。人们认识到最高法院在某些情况下可以成为"政策制定者"。欧洲的一个相应的有趣特征是欧洲法院的作用，它通过国际上寻求具体和执行普遍人权的方式而得到加强。这种对法律对于政策的控制问题的探讨引入了其他问题：人们担心，面对行政自由裁量权的复杂问题，法律可能无能为力。

对行政管理的法律控制的局限性以及自上而下的政治控制的局限性的认识，刺激了对其他问责模式的探索。对此的争论尤其集中在专业精神问题上。

在审查规则和自由裁量权时，需要注意几个问题。第一，必须强调这两个概念之间复杂的相互作用。严格的规则框架问题隐含着缺乏自由裁量权的问题。对过度自由裁量权的担忧是对其所嵌入的规则体系的局限性的担忧。在公共政策的讨论中，几乎不存在绝对的规则主导或无组织的自由裁量权。第二，正如本书所强调的，必须在更广泛的社会和政治背景下看待政策（其中规则和自由裁量权混合在一起），这可能会影响自由裁量权表现出来的方式以及控制的尝试。自由裁量权可能源于公共政策的模糊性，有时模糊性是故意设置的。第三，虽然承认可以授予自由裁量权的政治原因，但讨论并没有忽视这种现象在多大程度上是由控制的内在限制而产生的。正如 Prottas（1979）所说：权力分析的一般规则是，"合规可观察性"低的行为者是相对自主的。如果确定"演员"的行为方式很困难或成本很高，并且"演员"知道这一点，那么他遵守的强迫性就会较低。第四，正如最后的观察提醒我们的那样，有必要将自由裁量权作为组织生活的一个方面来分析，其与破坏规则有着复杂的关系。将自由裁量权与组织复杂性、奖励制度、动机和士气等问题联系起来非常重要。第五，我们不应忽视对自由裁量权的担忧在多大程度上是一种规范性的担忧。在什么情况下自由裁量权可能会成为一个问题，对于谁来说其会成为一个问题？自由裁量权和规则之间建立的平衡在多大程度上为相关各方，特别是受政策影响的公众带来了不同的优势和劣势？最后，在注意到自由裁量权被视为一个问题的同时，我们应该认识到已经开发出多种组织控制策略来解决这个问题。传统的方法是试图通过更严格的规则和程序来控制它。最近，对这种现象普遍存在的性质的认识导致了对其进行结构化的尝试。

这意味着一些相似的现象可能会通过不同的途径出现。一种可以定义为自由裁量权，另一种可以定义为破坏规则。前者源于对执行者权力和地位的认可。这就是 Fox 所描述的高度信任的情况，并且适用于公共行政领域的许多专业自由裁量权。后者由被视为下属而不是执行者的低层人员掌握，而实际上，上级无法控制这些执行者。一种是合法的，另一种则被等级制度中的主导因素视为非法。对于接收端的公众来说，可能无法对其做出区分。这里探讨的许多组织理论表明，自由裁量权和违反规则不能简单地进行对比。行为者可能会面临规则冲突、规则含混不清或施加过多规则而无法采取有效行动的情况。在这些情况下，需要在规则之间做出选择，或者选择如何尊重规则。因此，有时下属会过分遵守规则而使组织陷入瘫痪，而在正常操作条件下，每个人都默认只在不寻常的情况下适用这些规则。Hill（1969）讨论了社会保障官员在怀疑欺诈时可能采取的行动方式。他们能够以严厉的方式执行规则和程序，以确保索赔人得到充分调查，并使索赔人充分了解被发现的后果。然而，如果他们在更正常的情况下这样做，他们将严重减慢索赔的处理速度并阻止真正的申请人（Hill & Varone，2021）。

第七章　总结、展望与余论

操民之命，朝不可以无政。

——《管子·权修》

"政策"（policy）这一概念来源于希腊语的"polis"（城邦）和梵文"pur"（城市）以及拉丁语 politia（国家），后来演变成中世纪英语中的"policie"，意指公共事务的管理或政府的管理；在德语和斯拉夫语中也可以发现这些多重含义，它们用同一个词（poltik, politika）指称政治和政策。因此，从词源上看，政策和国家、城市、政治、管理等词语同源近义，是哲学、政治学、公共行政学、管理学、社会学等学科研究的重点与热点。

第一节　总结

在欧洲历史上，从中世纪早期到 19 世纪，有很长一段时期，也几乎贯穿有记载的中国历史和伊斯兰世界的大部分历史——其中有很多政策执行案例（Hill & Hupe，2002）。关于公共政策执行的理论和研究关注"关于行为者处理政策问题时出现或引发的情况的系统知识的发展"。大约半个世纪前，令 Pressman 和 Wildavsky 感到惊讶的是，几乎没有什么值得冠以"执行研究"的标题。几年后，他们对情况的描述截然不同：执行研究正在成为一个不断发展的行业：数十项甚至数百项研究正在进行。然而，研究人员显然也感到不安：与其说他们期望找到所有正确的答案，不如说他们期望找出所有正确答案的路径，他们甚至不确定自己是否提出了正确的问题。这种不安并不令人惊讶，研究政策执行的尝试提出了关于思想与行动之间关系的最基本问题：思想如何在行动世界中表现出来？（Hill & Hupe，2002）。

与公共政策的"手段-目的"定义一样，政策过程理论在该主题的教科书中广泛使用。有人对此进行了批评，说这是"教科书式的方法"，并将其描述为不切实际的。据说它忽略了"阶段"之间有时模糊的区别。一般来说，政策过程模型被认为是纯理性主义的（Stone，1989；Lindblom & Woodhouse，1993）。尽管我们理解这些评论的本质，但我们应该看到政策过程框架的持续作用。它对于政策过程的研究和实践在分析和启发方面都很有用。它的优势在于它提供了一种系统的方法来捕捉现实的多样性。每个"阶段"都与公共政策制定背景的特定部分相关，而在该部分背景下，各种变量和方法都可以被视为适当的。

当代政策问题涉及复杂的、跨领域的经济社会问题，这些问题与不断变化的文化、社会、经济和政治条件以及对可持续发展的追求相结合，对政策制定提出了新的要求。公共政策涉及众多的参与者和多样的资源，通过各种正式和非正式机构，以线性和非线性方式在不同的空间和时间层面相互作用。制定者和执行者之间的隔离与差异减少了理解彼此职能的机会，并增加了问题发生的风险。德罗尔可以被视为政策科学的一位现代创始人。为了强调政策科学的必要性，他提出了两条警句法则。（1）德罗尔定律一号：虽然问题的困难和危险往往以几何速度增加，但有资格处理这些问题的人数却往往以算术速度增加；（2）德罗尔定律第二号：虽然人类塑造环境和社会的能力正在迅速增强，但利用这些能力的决策能力却保持不变。政策往往不是单一目的，直接或间接涉及很多问题的特定方面。因此，单一的部门政策无法解决整个问题。此外，政策往往缺乏协调、相互重叠甚至冲突。政策体系过于复杂，解决方案效率低下甚至无效，引发新问题和资源浪费。我们需要研究公共政策的社会科学视角，因为我们认识到这些问题基于不同的社会观点而有许多不同的答案。经过几十年的政策制定经验，我们已经清楚地看到，部门化、单一维度、单一学科、不协调的政策并不能很好地服务于可持续发展事业。主要问题是政策市场没有提供令人满意的供给来满足复杂问题产生的政策制定需求。政策执行学可能是填补这一制度空白并促进向可持续发展过渡的正确答案。

所谓的必须被执行的"公共政策"，是政策过程早期发展阶段的产物，但"政策在执行时制定，在制定时执行"，因此，政策执行与政策制定是分不开的。决策自动执行的情况很少，这意味着不存在单独的执行阶段。如果普遍存在这样一个阶段，那么也要有一个很好的案例来分析这部分政策过程。政策执行这一阶段发生的许多事情乍一看似乎乏味或平凡，但其对政策实质的影响可能相当深远（Hill & Hupe，2002）。

目前我们对政策执行的过程了解还比较少。不幸的是，我们对政策过程的理解存在缺陷，可能会导致政策制定者得出不明智的结论。当面对一个不成功的计划时，许多观察家会将其失败归因于计划的不足。这种指责往往是不合理的。纵观所有社会的公共政策，"反政策争论"的大部分问题的出现"与其说是由于政策的性质，不如说是由于执行上的困难"。政府官员的意图和声明（政策）与公共服务的提供（绩效）之间可能存在差距，决定或法规的文字实际上无法决定什么，此类公共政策的阐述可能只是决定将发生什么的决定性过程的开始，了解这一阶段对于充分理解政策至关重要。因此，执行研究为政策分析增加了一个新的维度。它使政治人员和政策制定者对系统如何成功或失败地将一般政策目标转化为具体和有意义的公共服务有了新的认识。为什么我们对政策执行中的问题知之甚少？如果这个过程如此重要，那么为什么没有付出更大的努力来确定其基本特征？

执行看似简单，它似乎不涉及任何重大问题；大多数关键的政策问题通常被认为已经在行政人员、立法者和司法者的事先决策中得到解决。这种忽视部分是由于许多研究中隐含的天真的假设，即"一旦政府'制定'了一项政策，该政策就会得到执行，并且该政策的结果将接近其预期结果"。政策执行过程被认为是一系列平凡的行动和互动，不值得寻求令人兴奋的政治内容的学者关注。

首先，本书认为政策执行是一个特别值得关注的问题，并且在某种程度上，在这个词被使用之前就已经有相关学术研究了。其次，我们认识到，政策执行过去是、现在是且将来仍然会是政策相关者所关心的核心问题，尽管他们本身或许并不谈论政策执行，而且实际上可能会从与这样做的公共行政专家截然不同的背景来处理它。再次，在不同的文化和制度环境中，政策执行不可避免地会采取不同的形式和措施。最后，将"政策"程序转变为"治理"过程尤为重要，后者意味着更广泛的参与者可能参与其中，并且简单的层级模型正在被扬弃。因此将政策执行与治理结合起来是当前研究的核心。

政策执行过程极其复杂，学者们常常出于方法论方面的考虑而却步。相对于对政策制定的研究，对执行过程的分析提出了严重的边界问题，界定相关参与者通常很困难。此外，完成执行研究所需的许多变量即使不是不可能，也很难计算或测量。与经常记录投票的立法和司法领域不同，行政环境中的决定通常很难孤立做出。而且，对执行实施情况的全面分析需要在很长一段时间内关注多种行动，从而需要花费大量的时间和资源。

政策执行的文献包括多个学科的理论和实证工作，如社会学、公共管理学、社会心理学和政治学。虽然大多数这些研究并没有具体考察政策的执行过程，但仔细观察就会发现，只需很少的想象力就可以理解它们的相关性。在发展我们的理论框架的过程中，先前的学术研究为政策执行提供了三个重要的理论基础：（1）政策系统和政策过程是嵌套的，政策制定和政策执行存在于有组织的相互依存层中（Howlett et al., 2015）；（2）政策企业家利用政治因素来影响执行过程，类似于政策制定过程（Aberbach & Christensen，2014）；（3）执行者的行动是由对现状的担忧驱动的，问题和矛盾影响着执行的走向（Boswell & Rodrigues，2016；Zaharadiis & Exadaktylos，2016）。

因此，我们最初的假设是，存在独立的政治、政策和社会框架，以及政策制定和政策执行过程的产出，而政策制定和政策执行过程作为一个整体相互联系但又不同。经典的决策方法只描述了该模型中政策决策部分与政策执行部分的相互交织，必须进行调整以适应新的环境。首先，政策制定产出、执行产出和政策总产出之间存在复杂的关系。重要的是，政策产出反映了整个政策过程产生的结果，而政策制定产出和政策执行产出只反映了整个政策过程中各自部分的结果。其次，政策制定产出是旨在改变不理想条件的新政策（Zaharadiis，2014）。政策制定产出触发政策执行，其中执行者的个人行为（如强制执行行动）可以汇总为执行产出。执行产出构成了实践中的政策规范。反过来，执行产出可以汇总为政策产出，或者政策对与社会经济或环境条件相关的一系列行为的最终影响。政策产出汇总为政策结果，即引起政策制定者注意的社会经济或环境变化。因此，政策结果构成了政策制定过程中的问题流。

政策问题是由决策者想要解决的非理想社会经济或环境条件组成的。政策制定是决定政府行动的过程，而执行是指实施这些行动的过程。在这个阶段，政策制定者已经通过条件指标、重点事件和公民反馈进行了分类，以缩小要解决的具体问题的范围（Baumgartner et al.，2018；Herweg et al.，2018）。执行者自然会关注被测量或监控的内容，因此他们会将自己的努力导向政策制定过程中确定的问题。然而，由于政策往往是模棱两可的，并不总是包括具体的绩效指标，执行者可以自己确定哪些措施是最重要的（Chun & Rainey，2005a，2005b），因此，政策和政治流以及政策企业家影响执行者在执行政策时如何平衡竞争利益的选择。

当制定流和执行流在关键时刻耦合时，自由裁量权的使用方式和行为表现会发生变化。在政策窗口之外，由于执行工作保持一致，因此执行产出应随着时间的推移而保持稳定。也就是说，如果存在所有执行者一致应用的普遍被接受的行政裁量权使用方式，那么执行产出应该是稳定的。由此推而广之，由执行产出产生的政策产出也应该是稳定的。如果执行者专注于维持现状，那么即使当政策资金发生变化时，他们的行为也应该保持一致，产出也应该保持稳定。相反，当各单一"流"在政策外延耦合时，执行者会改变其行为以挑战当前状态，从而导致执行产出的变化。虽然执行者可能能够承受来自任何单一"流"对现状的挑战，但当耦合时，执行者别无选择，只能响应。否则，它们将面临政治合作破裂、合法性受到挑战、执行失败的风险，或者随着政策企业家将压力转回决策者，问题将重新回到决策议程。因此，虽然问题流、制定流和执行流对执行过程都有独立的影响，但它们在耦合时也有联合条件的影响，从而在执行产出中产生与现状的分化。

虽然政策已经存在，但执行者面临行政自由裁量权的替代用途。因此，政策执行流由解释政策的可选方法和鼓励这些解释的激励机制组成。由于政策制定固有的模糊性，在将政策应用于现实世界面临实际问题时，执行者经常在多种解决方案之间进行选择。在政策成功或政策失败中，执行者了解到行政行为的哪些用途满足了社会现状的竞争需求。

此外，政策组织可以使用制度机制来约束执行者考虑的替代方案，这可以进一步推动执行进程。重要的是，决策者利用资源来激励或限制街头官僚参与某些活动的能力。因此，对资源的控制是决策者用来持续指导执行者行为的关键工具。总而言之，政策策略由指导执行者行为的机制组成，这些机制汇总为政策产出。同时，政治流与政策制定过程相同时，政治流会促进对某些政策的关注。一般来说，公众倾向于持有共同的核心信念和价值观，这与如何在决策中平衡相互竞争的政治利益有关。

与政策制定者类似，当执行者感觉到上级政府支持或反对某些决策时，他们可以相应地调整自己的行为。我们称之为可操作的（潜在的）地方主义，其中执行者负责构建和维护支持政策的行政联盟，以及合法的行政决策。重要的是，这表明执行决策是对其环境的响应，而不一定是统一的政策执行。此外，执行者可能需要调整他们的行为，以应对焦点事件后舆论的变化。从本质上讲，执行者必须意识到政治变化并对其做出反应，否则他们的自由裁量权将面临挑战。由于政策执行需要区域合作、部门合作和公民与非政府组织的合作，这些挑战可能对维持现状造成重大障碍，并引起政策制定者的重新关注。因此，执行者常常被激励通过政策响应来维持执行子系统的稳定状态。

执行者是执行过程中的主要决策者。因此，政策采纳后，政策企业家将焦点从政策制定者转移到政策执行者，执行者利用其行政自由裁量权决定政策如何实施。虽然执行者通常是公共行政人员或其雇佣人员，但他们也可能是在执行或提供公共服务方面对政策产出有影响的任何人。重要的是，执行者有多方面的利益，并可能根据他们自己的选择偏好来执行政策。这些利益可能包括他们作为公务员的义务和他们自己的利益（Meier & O'Toole，2006；Moe，1984；Sowa & Selden，2003；Wood & Waterman，1991）。因此，政策企业家常常在战略上操纵执行者在一个固有的模糊框架中行使自由裁量权（Aberbach & Christensen，2014；Boswell & Rodrigues，2016；Zaharadiis & Exadaktylos，2016）。当然，更多的时候，是政府组织通过激励、规则和文化来限定自由裁量权的使用。

政策执行研究一直由政治理论家主导，这虽然是必要的，但也意味着组织研究的一些解释性理论和原则被排除在外。其中包括组织文化、学习、知识和能力的作用，组织内部的控制权和自主权，以及这些组织因素如何影响政策的执行。未来的政策执行研究可能会承认政治学、公共管理学和组织科学学科对理解政策如何付诸实践的贡献。当然，存在这样的问题：每个学科倾向于以不同的方式解决潜在的类似问题。因此，在研究方面，政府倾向于认为，在官僚服从（公共行政角度）的情况下，从技术角度来看，政策创新是"可行的"。然而，众所周知，组织文化也会对个人和团体层面的学习产生影响（组织科学的角度）。另外，关于政治学习，有一套既定的知识体系，特别是在"吸取教训"以及政策理念和实施解决方案的系统性创造方面（政治学视角）。但我们必须承认，公共部门的实际管理方式可能会影响公共政策的执行方式。

政策执行主体已从传统的单一政府执行主体转变为更广泛的主体，包括行政机关、立法与司法机关、事业单位、国有企业以及社会组织等，趋向社会化。公共政策执行的研究兴起于国外并在应用及实践过程中受到关注，但我国对公共政策执行的研究进展仍相对缓慢，大多数学者更倾向于理论研究，从国外的实践经验中获得启示，并对国内公共政策执行研究的发展现状、组织建设及存在的问题提出策略及建议。很少有学者注重实践及行动研究，造成了在研究方向上比例不协调的局面。针对此问题，需要从时代精神出发，在理论研究的基础之上加强政策执行领域的实践应用研究。

第二节　展望

哲学是用普遍的、一般的概念把握世界的学问。哲学基础对政策过程至关重要，所有的政策过程都是哲学约束（philosophy constraints）的。哲学洞察力——对探索真理和知识的哲学背景和基础的深刻理解——对于避免仅仅成为一个工匠或专家至关重要。哲学对政策科学的核心有着重大影响；它对政策科学的贡献比自然科学和社会科学都更富于深刻内涵。考察逆境中高质量政策执行的具体要求，一开始便需要一种综合的哲学基础，但这一点在主要的政策研究文献中并没有得到足够的认识。

哲学是政策科学的根源和支撑。哲学是一种抽象的、具有普适性的理论，其中本体论又是最抽象、最具有普适性的。从本体论来看，政策具有五个本质：话语权威、科学体系、行动措施、价值规范和动态过程。政策范畴是人类认识的基本范畴，"政策有点像一头大象——见到时认得出来，却不容易下定义"。从认识论来看，对政策的认识应该通过四条路径：理论规律、实践活动、创新创造和理解想象。一个范例可以被看作一组基本的信念（或形而上学）。它代表了一种世界观，对于它的持有者来说，这种世界观定义了"世界"的本质、个人在其中的位置及其与这个世界及其各部分可能存在的关系，这些"基本信念"是不同范式的核心。从方法论来看，政策的研究方法有六种视角：历史唯物主义与辩证唯物主义、政策实证主义、政策建构主义、政策诠释主义、政策批判主义。

所谓"政策"，从狭义上看，是指政府为了达到目标、完成任务而制定的各种规则的总和，包含了政府行动的总体方针、行动准则和具体行动方案。从广义上看，政策既包括政府有关行动的规则体系，也包括为了促进各项社会事业发展而制定各种规划和方案、投入公共资源、设立和实施各种项目等方面的具体行动。政策科学作为一种人文社会科学,并不像自然物理科学那样有明确的衡量标准和严格指标,它本身是有一定的制度边界和价值理念在里面的,总是要通过特定的话语体系和政策规范表达出来。谁掌握了政策体系的话语权和政策体系的规范,谁就是政策科学的主导者和引导者。

政策是一门科学,需要人们以科学的态度对待和研究它。政策科学的创始人拉斯韦尔就曾提出,政策科学可以综合其他学科,创立一门新兴的社会科学;他认为政策是独立于心灵以外真实存在的科学体系,政策体系是有规律的、有次序的,政策活动的主要任务是描述、解释与预测此种科学和体系。公共政策实际是"一种含有目标、价值和策略的大型计划",这一定义阐述了公共政策的规划功能及其价值取向,突出了科学制定政策的传统和科学执行政策的现实。这种科学体系的出现是必然的,而非或然的,因而我们一旦知悉科学法则,便可能达成政策的评估与预测。

政策的典型特征是行动,政策是有目的的行动,行动范畴是政策知识的基本范畴。只有从行动的角度方可把握政策的全体性与独特性。政策促进、阻止、指导或干预社会政治、经济或环境的改革。公共政策的本质是相关主体基于其意向而生成的行动网络,是为实现美好生活、建设美好社会而采取的行动总体。公共政策是一个或一组行动者为解决一个问题或相关事务所采取的相对稳定的、有目的的一系列行动。一方面,政策是由特定主体制定和执行的。政策主体在制定和执行政策等环节中的行动被称为

"政策行动"。政策行动既包括各类政策主体在政策制定中的主导、参与及干预的作用，也包括各类组织、群体和个人在政策执行、评估和修订中的主导与参与作用。政策行动的概念体现了政策的主体性，并强调了各类政策主体在政策过程中的能动作用。但从另一角度看，政策的运行也具有其客观规律。另一方面，政策有所"为"必然有所"不为"，二者是同一枚硬币的两面，相辅相成、相互影响，同等重要。所谓"不为"（not to act），即指在政策过程中，不把某些议题纳入政策制定议程，不进行某些政策行动或者政策评估行为。公共政策是政府选择做或选择不做的事情。

人们普遍认识到，价值问题是政策研究中一个不可或缺的组成部分。价值是表示主客体之间意义、效应和状态的范畴，即社会关于好坏、得失、善恶、美丑等的立场、看法、态度和选择。"好政策"利民惠民，为民心之所向；"坏政策"劳民伤财，为人民所唾弃。彼之蜜糖，吾之砒霜，彼之敝草，吾之珍宝；什么是好政策，什么是坏政策，取决于价值和规范。早在 20 世纪 50 年代，政策科学的创始人拉斯韦尔就已经认识到政策行为与价值取向之间的内在联系，把公共政策定义为"一个计划好的目标价值和行动方案"。政策科学是对经济社会进行权威性价值分配的一种行为系统。换言之，一套政策体系，无论是为一个社会、一个产业或其他项目，都"包含一系列价值分配的决定和行动"。

政策是一个完备、动态、有序的过程，可以称之为"政策生命"（policy life）。而其中最为关键的步骤是政策制定、政策执行和政策评估。政策制定是政策过程最为重要的环节，一些理论家已经认识到需要更密切地关注政策制定。政策制定应明确界定政策的应用领域、政策目标和特征、受益的社会成员以及解决问题的行动和策略。政策执行在政策过程中占有重要位置，它是将政策目标（社会理想）转化为政策现实的唯一途径。更具体地说，是"政策变现"，是将政策与行动联系起来的机制、资源和关系，也是执行和完成一项政策的过程。大多数学者一致认为，政策评估是政策执行的关键。执行和评估被认为是两个不同的阶段，被称为同一枚硬币的两面，执行提供评估的经验，而评估提供情报，以理解正在发生的事情。

拉斯韦尔提出政策科学是基于"洞察力"而获得的"对人的理解"；哈贝马斯也提出政策科学是"以行动为导向的自我理解"。政策认识中的"政策理解"概念强调在承认本体论主体性的基础上，从他人的角度理解事物，对政策客体和政策主体做出区分，突出政策现象的特殊性、不可重复性，提高公众对政策系统的认同感，从而有利于调动更多社会资源参与公共政策过程，减少政策监控的阻力与偏差。理解是一种旁观，但是是一种"参与式的旁观"：深刻地体验社会生活的方方面面，又能够抽离出来反思这一切的前因后果。

如经济学强调"经济学的直觉"一样，政策的认识论也强调"想象力"。政策想象力不是"瞎想""乱想""胡想"，拥有"政策想象力"的人"有能力从一种视角转换到另一种视角"。拥有这种想象力的人，能够从不同的角度去立体地认识一个社会事件，无论从"个人困扰"的角度，还是从"公共议题"的角度，都要能够对这个事件有结构性的把握和清晰的认识。政策学家的政策认识要保持自省，时刻对自己的思考过程和关注议题保持敏感性；要抱着理性的态度审视自己的思维流程，确保自己的确在面向一个问题进行切实而有效的研究；要抱着自由开放的态度审视自己的议题，不仅仅为了完善某个科学体系或佐证某个宏大理论而去开展研究，而是学会从经验材料中寻找自己感兴趣的点，在反复的描述与推演、建构与解构中逐步形成自己的理论。这本身便折射出当代政策学家的使命："理解你自己身处的这个时代。"

政策的批判主义方法论，就是通过一定的标准评价、评估政策进程，进而改善、更新、创新政策规范，是批判性的、反思性的政策方法。批判性方法既是一种政策技能，也是一种政策态度；既能体现公共政策良心，也能凸显现代人文精神。批判性方法的第一个模型是"苏格拉底方法"或"助产术"——苏格拉底所倡导的一种探究性质疑（probing questioning）。长期以来，政策被看作关于政治、经济、社会运行的普遍承载工具，与规则性、系统性、稳定性等相关，是由理性权衡所支配的合理行动。但苏格拉底认为，要做到政策合理有效，政策制定者和执行者必须首先认清政策的优势和缺点，产出的政策必须首先进行严格的分析和批判，所有权威所提供的政策都必须经受住来自各方面的严格的推理和质疑。探究式质疑要求政策产出要澄清目的和意义，区分相干和不相干的政策信息，然后检验其可靠性和来源。允许质疑政策的背景、资源和执行，从不同的视角进行推理，探查政策的后果或意涵。

政策反省式方法论（policy reflective methodology）是指对任何政策或被假定的政策形式的背景、文本、规范、语言、行动、结果、评估等予以能动、持续和细致的思考，不断反省和改进成为政策进步的突出方法。反省式思维是政策过程的基本原则，反省式方法本质上是政策的系统检验过程，有时也称为"反省评估"。它包括对问题的出现、政策的提出、政策的制定、政策的执行、定性和定量的评估、政策的终结等全过程、全政策周期的审视和检查。反省式政策方法论，意味着随着新的事实、新的环境、新的背景、新的结构、新的制度、新的认识、新的技术、新的理论、新的价值、新的诉求等的出现或变化，我们要证实该政策，或者使它的错误和恶果更加凸显。政策反省可以有不同的进程与速度。其可能是一个破坏性的过程，导致一个政策的彻底变革。然而，通常情况下，政策变化本质上更为微妙，涉及渐进过程和政策的逐步变化。

政策评估与政策执行是相辅相成的。有效的政策评估可以确保政策执行的合规性和效率，而成功的政策执行则是政策评估的目标和成果。两者之间的互动可以形成一个正向的反馈循环，不断优化政策过程，提升政策效果。因此，构建自主知识的政策评估体系具有深远的意义，它不仅服务于国家内部的政策制定和执行，也影响国家在国际舞台上的形象和作用。

谈论"执行失败"或"执行赤字"，意味着通过观察到的内容与预期内容之间的比较来给出规范性限定，其中后者是根据观察者或一个或多个的值来定义的。更多的参与者参与到这个过程中。文献中给出的评估定义范围广泛。在关于该主题的专著中，Farmer（1995）将政策评估定义为"通常被称为'政策分析'或'政策科学'的应用社会科学活动"。他指的是将政策分析视为一种应用性的努力，它使用多种调查和论证方法来产生和转换与政策相关的信息，这些信息可用于政治环境中解决政策问题。Wildavsky 和 Browne（1984）对这种关系的观察如下：评估者收集并分析数据以提供有关计划结果的信息。执行者使用这些信息，用它来检查过去的决策并指导未来的行动。执行是从评估中学习。正是在信息的生产和消费（即学习）过程中，执行者和评估者建立了互补的关系。

因此，必须记住的是，在当今社会下制定的政策，无论如何支持，最终都是——而且应该是——一个规范的项目。这里的问题是：研究者或分析者认为这种规范性判断是独立于政策执行还是融入政策执行中的？Parsons（1995）应用组织隐喻模型来探索对执行失败采取替代观点的价值。他指出，使用不同的比喻意味着以不同的方式看待和标记执行失败的原因和后果。例如，政策执行失败可能是由以下原因造成的：指挥链不完善以及结构和角色问题；困难的"人际关系"或"环境"；信息流动不畅或"学习"问题；劳资冲突；作为组织"文化"的结果；潜意识力量、群体思维、自我防御或压抑的本能；作为"自我参照"系统的结果；作为执行过程中及其周围权力的结果。"执行分析与评估分析相同吗？作为进化的执行概念相当于对两者之间任何同一性的强烈否认，如果目标和结果不断相互作用，那么如何根据一组固定的目标来评估结果？"（Browne & Wildavsky，1984）得出的结论是，保持评估和执行之间的区别很重要，无论两者在实践中有多少重叠。"评估者能够告诉我们很多关于发生了什么的事情——实现了哪些目标、谁的目标——以及一些关于为什么的事情——因果关系。"（Parsons，1995）评估重点审查"如何评估、审计、评价和控制公共政策和执行公共政策的人员"，而执行研究则关注"如何将政策付诸行动和实践"。

政策评估的概念在过去几十年中在全世界迅速传播，为评估的构思、实践和研究方式的进一步创新和理解提供了机遇。20 世纪 90 年代初，只有少数经济合作与发展组织成员国采用政策评估方法，但到 2008 年，所有经济合作与发展组织成员国都已采用或正在准备采用政策评估方法。现在，几乎每个欧盟 成员国都存在各种形式（RIA、SIA 和 IA）的政策评估系统（即通过指南、培训、质量控制等标准操作程序将概念制度化）。然而，政策评估概念的广泛传播掩盖了其实践方式的巨大多样性。不同国家的政策评估体系在设计、实施甚至目的上都有很大差异。此外，在一些地区或者行业，政策评估仅存在于纸面上，在实践中很少或执行得很差。

政策评估——以教科书的形式——建立在这样的信念基础上：通过应用分析工具可以实现更"理性"的政策制定。将评估从项目和计划层面延伸到政策层面，部分考虑是为了通过将研究重点移至政策制定过程的上游来提高其有效性。尽管政策评估的"教科书"概念和日常实践都是基于传统的理性线性政策制定概念,但政策评估已成为后实证主义政策制定和评估概念重新出现的最新领域。

政策评估体系能够提供关于政策效果的实证数据和分析,帮助决策者了解政策的实际影响,识别潜在问题,从而做出更加科学、合理的决策。这有助于避免资源浪费,提高政策的执行效率和政策结果的有效性。通过评估,可以更清晰地识别哪些领域需要更多投入,哪些项目可能需要调整或终止。这有助于优化资源配置,确保有限的资源被用于最能产生积极社会经济效益的领域。政策评估通过监督和检查政策执行过程中的各个环节,确保所有行动都符合政策文本和法律要求,防止执行偏差和滥用职权。政策评估保证政策的合法性与贯彻实施,确保政策的制定和执行严格遵守法定的程序和原则,并对政策的执行活动进行检查、监督,以保证政策达到预期目标。这有助于维护政策的权威性和公信力。

事前评估对于提高决策的科学性、合理性和有效性具有重要意义。它可以帮助决策者全面了解项目或政策的各个方面,避免盲目决策和资源浪费。同时,事前评估还可以促进预算绩效管理的规范化、标准化和科学化,提高政府的财政管理和公共服务水平。事中评估/中期评估/过程评估是在项目、计划或政策实施过程中进行的一种评估。其主要目的是监控项目进展,检查项目是否按计划执行,评估项目管理的有效性,以及识别任何偏离原定目标的情况。事中评估可以帮助决策者及时发现问题、调整策略、优化资源配置，从而降低风险、提高效益。事后评估/后评估/终期评估是在项目、计划或政策完成后进行的一种评估。其主要目的是衡量项目在实现其目标和预期结果方面的成功程度，也是为了总结经验教训，为未来的项目提供参考和指导。同时，事后评估还可以促进组织学习和持续改进，提高整体绩效和竞争力。

提高政策评估水平是确保政策有效实施、维护市场秩序、保护公共利益和促进经济社会健康发展的重要途径。要确立清晰的评估目标，明确要解决的问题和期望达到的效果。遵循公平、透明、可预测和一致性的原则，确保评估的公正性和有效性。提升评估人员的专业素养和技能，通过培训和教育不断更新知识储备。投入更多资源用于监管技术和设备的更新升级，利用现代科技手段提高评估效率。探索使用大数据、人工智能等先进技术进行智能监管，提高评估效率和准确性。建立健全相关法规体系，为评估提供法律保障。定期评估和修订监管政策，确保其适应经济社会发展的需要。建立跨部门的信息共享机制，打破信息孤岛，提高评估的及时性和准确性。加强不同部门之间的协作，形成合力，共同应对复杂的市场环境。鼓励公众参与政策评估过程，提供举报渠道，增强社会监督的力量。定期公开政策评估信息和数据，提高透明度，增强公众信任。实施风险导向的监管策略，重点关注高风险领域和环节。建立严格的责任追究机制，对政策监管失职或不当行为进行严厉追责，确保政策监管人员履行职责。设立有效的申诉和救济机制，保护政策评估对象的合法权益。学习借鉴国际先进的评估经验和做法，不断提升政策评估水平。积极参与国际评估合作，共同应对跨国性政策问题和挑战。

第三节　余论

我们在此无意提供详尽的历史分析政策执行。但我们已经注意到，我们所看到的遥远过去的活动很大程度上取决于幸存下来的东西（幸存者偏差）。还应该指出的是，那些给我们留下这些活动记录的人大多是处于主导地位的人，或者是与这些政策关系密切的人。更不容易认识到的是，许多政策执行的成功往往依赖于自下而上的集体行动形式。所以，政策的历史很大程度上就是那些控制它们的人的历史。

从"底层"来看，自上而下和自下而上执行的角度是根本不同的。对于那些处于执行链末端的人来说，不是"将政策传导到一系列相应的行动"，而是一种政策与行动的关系。政策执行"需要被视为一个互动和谈判的过程，随着时间的推移，在那些寻求将政策付诸执行的人和那些行动所依赖的人之间发生"（Barrett & Fudge，1981）。政治与行政关系最有影响力的模型之一是"政治体系系统"（Easton，1953），两端的东西被称为"输入"和"输出"。执行可以被视为"系统"内发生的"吞吐量"的一部分。隐含或明确地谈论产出和结果意味着做出判断。将所取得的成果与预期进行比较通常会导致观察到"执行差距"（Dunsire，

1978）。另一种方法是使用"执行失败"之类的术语。在日常实践中，这些话语很容易使用。但是，在执行研究中，通常很难给出"成功"或更常见的"失败"的限定。

比较重要的是，没有任何一个先验隐喻能够提供更好的图景。事实上，一个人所描绘的经验现实取决于使用什么样的隐喻图景。这种解释性观点涉及将价值观（尽管其集合根据制度而有所不同）整合到看待世界的方式中。当这样做时，研究人员总是正确的，或者在任何情况下，只要他选择适合当前情况的隐喻即可。这样就避免了"理论指导"与"经验现实"之间系统性和受控性的对抗。知识的权威特性将不受检查，因为价值观完全融入看待事物的方式中。事实上，任何解释研究结果的尝试都是至关重要的。从规范的角度讨论政策分析的结论可能是有意义的，因为这些结论构成了此类分析的组成部分。事实上，这里关键的是一个经典的认识论问题，它将各种变体的"实证主义者"与"解释主义者"区分开来。

我们认为 Morgan 和 Parsons 提出的隐喻"解释"的价值是对公共话语的贡献。但作为执行研究等领域的发展标准，我们认为需要更广泛的学术参与，以积累知识。我们的立场是，无论是在不同场合还是在经验周期的几个部分，我们都看到了解释性贡献的功能，主要是启发式和评估性类型。就政策执行研究的发展而言，我们认为这种贡献是有用的。在政策经验周期的"早期"部分，涉及问题定义和政策假设的设计；在政策经验周期的"后期"部分，重点是对调查结果的解释、得出结论和提出建议。当然，价值观总是涉及其中。然而，概念需要以中立的方式定义和操作，这样就可以以某种方式进行测试。因此，在政策经验周期的"中间"部分，如果可能的话，我们呼吁建立一种系统的对政策经验现实进行比较的方法，概念简约，并以定量、定性或组合的方式测试执行效果。在成熟的政策设计中，目标将是政策执行的"方差"。无论如何，我们的观点意味着在进行执行研究时需要明确政策决策并证明政策制定的认识论立场的合理性。

执行研究是政策的政治和经济分析与公共行政的组织或制度分析之间"缺失的联系"。一个关键的问题是逻辑问题。在最一般的形式中，执行行为以先前的行为为前提，特别是需要做什么并就此做出决定的"认知行为"。但从这个基本问题中还可以引申出另外两组问题。第一组问题是谁是制定者、谁是决策者、谁是执行者。如果它们没有集成为单个参与者，则需要确定所涉及的参与者的多样性。第二组问题是关于制定者或决策者是否比执行者拥有更大的权力，或者是更合法的角色。前一组问题是经验问题，而后一组问题是规范问题。制定和决策的行为可能发生在"底层"。即便如此，还是要落实；否则，先前的行为仍然得不到结果。这个问题的逻辑内涵可以称为"实现遵循表述和判定定理"（Hill & Hupe，2002）。

成功的政策执行往往需要体制机制和程序规范的配合，从而上层当局（上级）可以增加执行者（下级）按照政策标准和目标行事的可能性。正如全世界所观察到的那样，政策命令是不会自动执行的：它们需要存在强制行动机制。在单一组织的背景下，

上级可以使用多种此类机制。他们拥有标准的人事权力：招聘和
选拔、分配和调动、晋升和降职，以及最终的解雇和开除。此
外，他们可以控制总部、各局和各办事处的预算拨款，并可以根
据满意或不满意的情况增加或减少预算拨款。虽然上级不能要求
下属绝对服从，单一指挥体系中不存在可以指导实现一系列预定
目标的官员等级制度，但其有很大的能力影响下属的执行行为。
相比之下，当我们考察不同组织成员之间，或者部门、区域和地
方官员之间的横向关系时，许多这样的机制是不存在的。在横向
关系中，公共机构对计划和目标的仔细说明并不足以保证政策计
划的有效实施。

在组织间（或政府间）关系的背景下，有两种类型的执行或
后续活动较为重要。首先，可以提供技术咨询和帮助。上级（或
高级官员）通常可以通过帮助下级解释政府法规和指导方针、构
建对政策举措的响应机制以及提供执行政策所需的物质和技术资
源。其次，上级（或高级官员）可以依赖各种各样的制裁——积
极的和消极的。我们可以通过回顾 Etzioni（1961）对规范性权
力、报酬性权力和强制性权力的划分来探讨执行的这一方面：尽
管联邦政府相对于州和其他地方并不是"上级"政府，但通过扩
展类比，我们可以使用这一概念作为思考组织间关系和执行作用
的排序工具。规范性权力和报酬性权力的使用最为常见。例如，
联邦政府试图通过分配和操纵物质的和精神的奖励来影响州和其
他地方的活动。实现联邦影响力最重要的一个方法是强化州和其
他地方行为者的社会化、说服和合作。通过尝试围绕该组织及其

使命建立专业联盟，联邦官员将努力在州和其他地方层面培养盟友，让他们坚定地执行其政策。联邦系统的分散性提升了这种技术的重要性，因为它使得监控变得有效。实现联邦影响力的另一种方法是让州和其他地方参与政策计划。获得联邦资金的前景往往足以确保地方的参与，并至少隐含地接受联邦政策的目标。这是一个重要的起点。研究表明，联邦对计划各方面的影响力随着联邦捐款所占比重的增加而增加（Etzioni，1961）。最后，联邦官员可以通过提供有价值的服务来吸引州和其他地方的参与和合作。例如，许多赠款通过提供一定比例的项目资金用于州和其他地方的管理来实现这一目标；此类重要的支持服务——技术咨询、员工贷款和资金——可以提供给参与组织。联邦官员还拥有更引人注目的手段——从温和的强制力到明确的强制力。常见的做法是要求州和其他地方制订详细的联邦计划管理方案。一旦做出这些保证，联邦政府将分配资金，如果计划中规定的条件未得到满足，则可以撤回资金（Etzioni，1961）。

　　类似的策略是在接受联邦资金的法规中明确条件和程序要求，如完整的报告和会计系统。联邦政府希望通过这种方式实现联邦政策的实质性目的。然而，这个过程存在风险：特殊性意味着风险，语言越具体，联邦政府的要求越低，联邦政府适应各州特点的能力越低，联邦政府强制遵守的能力的局限性可能暴露出来的风险就越大。此外，严格的法规和指导方针可能会导致某种目标偏离，州和其他地方官员努力满足联邦要求，以获得资金并免于制裁，而忽视了该政策的基本使命。认识到这些问题，联邦官员倾向于采用更可靠的监视形式。这些活动包括现场考察、计划评估、行政和管理审查、审计和其他反馈机制，包括为监督州和地方政府单位而设立的非政府咨询委员会的报告。然而，针对监督的局限性补充了一个重要的警告：在现场或分支机构政策和当地操作条件不相同的地方，监控机制会激增。这种机制往往是无效的——特别是在当地人必须接受他们专业之外的人或具有不同意识形态信仰的人的检查时，视察员之间的理论差距很大，由此造成的信息堵塞可能会危及联邦政府对当地问题的解决以及向当地传达新目标的能力（Etzioni，1961）。

至关重要的是，我们关注标准和目标的清晰度、与执行者沟通的准确性以及通过各种信息源传达标准和目标的一致性（或统一性）。标准和目标只有在足够清晰的表述下才能得以执行，以使执行者能够了解对它们的期望。组织内部和组织之间的沟通是一个复杂而困难的过程。在一个组织中向下传递信息，或从一个组织向另一个组织传递信息时，沟通者不可避免地会有意无意地扭曲信息。此外，如果不同的沟通来源针对标准和目标提供不一致的解释，或者同一来源随着时间的推移提供相互矛盾的解释，执行者会发现执行政策意图更加困难。所以，明确阐述标准和目标以及传达这些标准和目标的准确性和一致性将有利于提升执行的有效性。

政策的标准和目标对绩效有间接影响；其对因变量的影响是由其他自变量调节的。显然，公共服务的提供将受到向执行者传达标准和目标的方式以及标准和目标促进监督和执行的程度的影响。标准和目标通过组织间的沟通活动对执行者的处置产生间接影响。显然，执行者对政策的反应将部分基于他们对其目标的看法和解释。这并不是说良好的沟通必然有助于执行者的积极态度。然而，执行者对上级政策支持的差异最终可以部分地解释为他们对这些标准和目标的理解和解释，以及他们的传达方式。

政策执行者对政策标准和目标的广泛接受将大大提高政策成功执行的可能性。至少，共同的态度似乎会让执行变得更容易。一项政策的目标可能因多种原因而被拒绝：它们可能会冒犯执行者的个人价值体系、组织内的忠诚度、自身利益或现有的和首选的社会关系。它"源于这样一个事实，即人类群体发现很难有效地执行他们没有基本信念的行为"。最后，执行者处置的强度可能会影响政策的绩效。那些具有强烈负面偏好的人可能会导致公然蔑视该政策的现象出现。当这种情况发生时，执行问题可能会变得毫无意义——下属或下级部门可能会拒绝参与该政策。不那么强烈的态度可能会导致执行者试图隐秘推脱和逃避，这是一种更常见的情况。在这种情况下，人们可能不得不依靠监督和执法的作用来解释执行有效性的差异和误差。所有这一切表明，政策研究必须收集政策执行者处置的各种要素的多个指标。

标准和目标还通过执法活动对执行者的处置产生间接影响。它们为上级与其他组织中的政策执行者的关系提供了依赖基础。例如，标准和目标可能对上级可以合法采用的制裁进行限制，它们有助于确定给予执行者的自由裁量权。如果有权持有资金，也可以采取各种形式的强制性权力。然而，如果不允许扣留资金，上级可能被迫完全依赖规范性权力和报酬性权力。执法和后续活动可能会改变执行者的态度，使他们看到参与的好处，也可能看到抵制有效执行的坏处。或者，通过使用强制手段，上级官员可以确保执行官员遵守规定，而不影响他们对政策的处置。例如，审计例外的使用可以阻止执行者以不符合政策标准和目标的方式使用资金，尽管执行官员可能会继续质疑其意愿。

我们一致认为政策资源与政策执行的绩效之间存在较密切的关系。政策决定提供的资源类型和资源范围将影响沟通和执行活动。只有在政策决定提供的情况下才能提供技术援助和其他服务。此外，只有在可用资源足以支持政策活动的情况下，才能实现强有力的执行。同样，执行者的处置也会直接受到资源可用性的影响。当大量资金或其他资源被认为可用时，执行者可能会更加青睐该计划，而获得这些资源份额的前景可能会鼓励遵守规定。相反，如果政策执行者认为积极参与不会带来什么好处，则不会积极执行该政策。资源与执行辖区（或组织）的经济、社会和政治环境之间的联系表明，财政和其他资源的可用性可能会产生公民和有组织的利益集团的积极参与和成功实施的需求。同样，从该政策中受益的前景可能会导致原本平静的团体要求最大限度地参与。然而，在政策资源有限的情况下，公民个人和利益组织可能会选择反对该政策，理由是参与的好处与潜在成本相比微乎其微。

我们还假设执行辖区（或组织）的经济、社会和政治环境将影响执行机构的特征、执行者的处置以及执行绩效本身。环境条件会对管辖区（或组织）支持完善的官僚结构的意愿和能力、行政机构的活力和专业知识以及机构享有的政治支持水平产生重大影响。环境条件也会影响执行者的处置。如果一项政策要解决的问题很严重，并且动员了公民个人和利益团体来支持一项计划，那么执行者就更有可能接受该政策的目的、标准和目标。相反，如果问题不严重并且有组织的利益集团反对某个政策，公民个人可能会被鼓励以不赞成的态度看待需要实施的政策。环境条件可能会导致执行者执行策略的改变并选择对该政策的个人偏好。政策执行者希望尽量减少公众的敌意或利益集团的意识形态倾向，即使这可能与他们自己的政策偏好不一致。最后，这些环境变量对公共服务的提供有直接影响。尽管环境模型中执行者和其他力量的部署是独立的，但这些环境条件还是有可能增强或限制执行的性能。

政策制定和执行之间的正式关系组织在选择替代的执行方法和后续行动时，上级可能会对执行机构的特点保持敏感。拥有称职的员工和领导力的机构与那些人员和领导能力较差的机构相比，需要不同类型的帮助。同样，政治资源有限的执行机构可能比得到普通公民和公职人员广泛支持的机构更容易受到强制性权力的影响。执行机构的几个特征也会影响其人员的配置。通信网络的性质、层级控制的程度以及领导风格会影响个人对政策目标的认同，根据执行机构的定位，促进或阻碍有效政策的实施。政策执行也可能受到该机构与政策制定机构或政策执行机构的正式和非正式关系的影响（例如，它们是否在同一级别的政府中运作，上级当局和政策执行机构之间是否建立了有效的联盟）。

　　组织间沟通和执行活动之间会产生互动效应并产生广泛深刻的影响。执行及其后续活动可以为执行机构提供更多的活力和专业知识——提高他们执行计划的能力。这些能力可以成为政治支持的来源，促进有效执行。执行及其后续活动，包括提供技术援助、进行效果评估（将受到执行机构特点的影响）等。由于在单个组织内运作的上级可以使用的许多执行机制在需要组织间或政府间合作时无法使用，因此上级使用的权力类型（如规范性、报酬性或强制性权力）将受到正式权力类型的影响。

　　尽管我们的政策执行常以静态的方式进行，但重要的是要认识到政策执行过程的动态特征。在政策初始阶段可能影响政策执行的因素在以后的时间点则可能影响不大。因此，进行动态的执行研究至关重要；在某个时间点确定的关系不能随意延伸到其他时间段。

　　虽然人们对政策决策如何转化为公共服务的关注太少，但我们已经成功地找到了一些明确关注政策执行问题的研究。这些研究的大多数主要依赖于上面讨论的对不成功执行的一般解释。很少有研究者试图将这些解释整合到他们的分析中。本书提出的执行框架利用了各种片面和不充分的解释，试图为更全面地理解执行过程奠定基础。具体而言，我们的理论和体系关注影响公共政策执行的几组变量：政策标准和目标的相关性、政策资源、组织间沟通和执行活动、执行机构的特征、影响执行辖区或组织的社会和政治环境，以及政策决定的执行者的特点等。我们认为，我们的模型为描述和分析政策执行过程提供了一张蓝图，并针对执行的成功和失败提出了一种解释。我们认为这些执行变量的研究可以为政策分析师和政策制定者提供一些帮助。对于政策分析师来说，政策执行研究将重点从公共政策影响的衡量转向对观察到的结果的解释。政策执行研究提醒决策者注意可以操纵的变量，以改善公共服务的提供。

政策科学的研究表明，权力对于有效的政策执行至关重要。执行被视为一种强大的权力管理的产物，包括控制、强制和遵从，以确保与政策目标的一致性。而权力通过风俗、习惯、宗教、法律、道德等方面的社会规范对个人或群体的行为施加约束。政策科学也认为，利益是政策执行的根本推动力量。换言之，政策的顺利执行依赖于利益相关者之间的社会交换。社会交换理论对政策执行的意义是最著名的交换规则：互惠原则。互惠原则整合了个人主义和集体主义两种观点，个人主义观点强调政策执行要重视个人在交换中涉及的本我和经济自利，集体主义观点强调政策执行要重视群体的社会需求。同时，物质和精神都是可以调动的政策资源，激励各种公共和私人行为者参与协同政策设计和适应性执行的过程。可以通过资金、资源、福利、情感、心理等为政策执行提供物质、精神的激励与支持，例如，为满足安全需求可以采用"保障激励法"，为满足归属感、情感等社交需求可以采用"感情激励法"。

在新的时代，政策研究的理论和实践将继续广泛讨论政策执行的理论与体系——对组织变革最有洞察力的分析主题之一。我们要探讨政治结构和政策行动中阻碍政策执行的各种障碍，研究政策执行的众多影响因素（如资源限制、沉没成本、稳定性的集体利益、心理成本以及官方和非官方行为限制的积累）。这些因素往往会让政府继续做它们一直在做的政策决策，但最近的过去、最远的将来，他们将会不断改变政策执行的方式和方法。

政策执行是一个非常复杂的动态过程，或者更确切地说是经济社会系统的一个子过程。因此，很多因素都可能呈现强相关和弱相关关系。因果链越长，各个环节之间的相互关系就越多，政策执行起来就越复杂。尽管如此，政策执行研究还是大有可为、大有前途，应该不断丰富和完善政策执行的理论与实践，使其成为一门科学的学科。

参考文献

陈家建，边慧敏，邓湘树．科层结构与政策执行［J］.社会学研究，2013，28（6）：1-20+242.

陈尧．发展与秩序：中国共产党治国理政的政策治理与法律治理［J］.政治学研究，2023（1）：96-108+159.

丁煌．我国现阶段政策执行阻滞及其防治对策的制度分析［J］.政治学研究，2002（1）：28-39.

丁煌．政策制定的科学性与政策执行的有效性［J］.南京社会科学，2002（1）：38-44.

费必胜，李祖平．党报以更强大内核和灵魂推进治国理政——论党报引导力提升与国家治理体系和治理能力现代化［J］.中国出版，2020（15）：5-9.

贺东航，孔繁斌．公共政策执行的中国经验［J］.中国社会科学，2011（5）：61-79+220-221.

贺东航，吕鸿强．新时代中国共产党治国理政的政治势能［J］.东南学术，2019（6）：1-11+246.

贺雪峰，郑晓园．监督下乡与基层治理的难题［J］.华中师范大学学报（人文社会科学版），2021，60（2）：10-18.

冷波 . 监督下乡：乡村监督体系重塑及其效应 ［J］. 中国农村观察，2021（4）：79-89.

李兵，朱赫 . 促进养老服务系统政策一致性：理论策略和治理策略 ［J］. 老龄科学研究，2023，11（11）：1-14.

卢丛丛 . 监督下乡、分责秩序与乡村关系重构 ［J］. 公共管理与政策评论，2024，13（2）：101-116.

吕德文 . 监督下乡与基层超负：基层治理合规化及其意外后果 ［J］. 公共管理与政策评论，2022，11（1）：34-42.

钱再见，金太军 . 公共政策执行主体与公共政策执行"中梗阻"现象 ［J］. 中国行政管理，2002（2）：56-57.

王辉，刘惠敏 . 政策整合的研究议题与本土展望 ［J］. 上海行政学院学报，2023，24（2）：23-36.

韦冬雪，宋甜甜 . 人民至上：中国共产党治国理政的话语逻辑 ［J］. 河南师范大学学报（哲学社会科学版），2023，50（3）：8-15.

周雪光，练宏 . 中国政府的治理模式：一个"控制权"理论 ［J］. 社会学研究，2012，27（5）：69-93+243.

周志忍，蒋敏娟 . 中国政府跨部门协同机制探析——一个叙事与诊断框架 ［J］. 公共行政评论，2013，6（1）：91-117+170.

朱成全，朱奕帆 . 宏观经济政策与非经济政策取向一致性：理论逻辑、现实困境与实践进路 ［J］. 宁夏社会科学，2024（1）：82-90.

Aberbach J D, Christensen T. Why reforms so often disappoint ［J］.

American review of public administration, 2014, 44 (1): 3-16.

Agranoff R. Inside collaborative networks: ten lessons for public managers [J]. Public administration review, 2006, 66 (supplement): 56-65.

Albrow M. Bureaucracy [M]. London: Pall Mall, 1970.

Alexander E R. From idea to action: notes for a contingency theory of the policy implementation process [J]. Administration & society, 1985, 16 (4): 403-426.

Anderson J E. Public policy making—an introduction [M]. 7th ed. Boston MA: Wadsworth, 2010.

Ansell C, Gash A. Collaborative governance in theory and practice [J]. Journal of public administration research and theory, 2007, 18 (4): 543-571.

Ansell C, Sørensen E, Torfing J. Improving policy implementation through collaborative policymaking [J]. Policy & politics, 2017, 45 (3): 467-486.

Antwi-Agyei P, Dougill A J, Stringer L C. Assessing coherence between sector policies and climate compatible development: opportunities for triple wins [J]. Sustainability, 2017, 9 (11): 2130.

Ashoff G. Enhancing policy coherence for development: justification, recognition and approaches to achievement [M]. Studies, 2005.

Athey S, Imbens G W. The state of applied econometrics: causality and

policy evaluation ［J］. Journal of economic perspectives, 2017, 31
(2): 3-32.

Atkinson M M, Coleman W D. Strong states and weak states: sectoral
policy networks in advanced capitalist economies ［J］. British
journal of political science, 1989, 19 (1): 47-67.

Bacchi C. Analysing policy ［M］. Pearson Higher Education AU, 2009.

Ball S J. Politics and policy making in education: explorations in soci-
ology ［M］. Routledge, 2012.

Bardach E. The implementation game ［M］. Chicago: University of Chi-
cago Press, 1997.

Bardach E. Getting agencies to work together: the practice and theory
of managerial craftsmanship ［J］. Brookings Institutions, 1998.

Barrett S, Fudge C. (eds.) Policy and action ［M］. London: Methuen,
1981.

Baumgartner F R, Jones B D, Mortensen P B. Punctuated equilibrium
theory: explaining stability and change in public policymaking
［M］. in Weible C M, Sabatier P A. (eds.) Theories of the poli-
cy process (4th ed.). Boulder, CO: Westview Press, 2018.

Baumgartner M P. The myth of discretion ［M］. in Hawkins K. (ed.)
The uses of discretion. Oxford: Clarendon Press, 1992.

Berman P. Thinking about programmed and adaptive implementation:
matching strategies to situations ［M］. in Ingram H M, Mann D
E. (eds.) Why policies succeed or fail. Beverly Hills: Sage Pub-

lications, 1980.

Berman P. The study of macro-and micro-implementation [J]. Public policy, 1978, 26 (2): 157-184.

Bhuyan A, Jorgensen A, Sharma S. Taking the pulse of policy: the policy implementation assessment tool [M]. Washington, DC: Futures Group, Health Policy Initiative, Task Order 1, 2010.

Birkland T A. An introduction to the policy process: theories, concepts, and models of public policy making [M]. Routledge, 2019.

Björkman J W. Implementation and development policy: major problems, small steps [J]. Public enterprise, 1994, 14 (3-4): 368-378.

Blau P M. The dynamics of bureaucracy [M]. Chicago: University of Chicago Press, 1955.

Bobrow D, Dzek J. Policy design by design [M]. Pittsburgh: University of Pittsburgh Press, 1987.

Boswell C, Rodrigues E. Policies, politics and organisational problems: multiple streams and the implementation of targets in UK government [J]. Policy & politics, 2016, 44 (4): 507-524.

Box R C. Running government like a business [J]. The American review of public administration, 1999, 29 (1): 19-43.

Brenton S, Baekkeskov E, Hannah A. Policy capacity: evolving theory and missing links [J]. Policy studies, 2023, 44 (3), 297-315.

Bressers H. Chapter 10: implementing sustainable development: how to know what works, where, when and how [M]. in Lafferty W M. (ed.) Governance for sustainable development: the challenge of adapting form to function. Cheltenham, UK: Edward Elgar Publishing, 2004.

Bressers H T A, O'Toole Jr L J. The selection of policy instruments: a network-based perspective [J]. Journal of public policy, 1998, 18 (3): 213-239.

Bressers J T A. The choice of policy instruments in policy networks [M]. in Baakman N. Public policy instruments: evaluating tools of public administration. Edward Elgar, 1998.

Briassoulis H. Policy integration for complex policy problems: what, why and how [J]. Greening of policies: interlinkages and policy integration, Berlin, 2004: 3-4.

Bridgman P, Davis G. The Australian policy handbook [M]. Allen & unwin, 2000.

Brinkerhoff D W, Crosby B. Managing policy reform: concepts and tools for decision-makers in developing and transitioning countries [M]. Kumarian Press, 2002.

Browne A, and Wildavsky A. "What should evaluation mean to implementation," and "implementation as mutual adaptation," chaps. 9 and 10 [M]. in Pressman J, Wildavsky A. Implementation, 3d ed. Berkeley: University of California Press, 1984.

Brynard P A. Mapping the factors that influence policy implementation

[J]. Journal of public administration and governance, 2009, 44: 557-577.

Bull D. The anti-discretion movement in Britain: fact or phantom? [J]. The journal of social welfare & family law, 1980, 2 (2): 65-83.

Butler M J R, Allen P M. Understanding policy implementation processes as self-organizing systems [J]. Public management review, 2008, 10 (3): 421-440.

Calista D. Policy implementation [M]. in Nagel S. (ed.) Encyclopaedia of policy studies. New York: Marcel Dekker conceptual framework, Administration and Society, 1994.

Candel J J L, Biesbroek R. Toward a processual understanding of policy integration [J]. Policy sciences, 2016, 49: 211-231.

Cejudo G M, Trein P. Pathways to policy integration: a subsystem approach [J]. Policy sciences, 2023, 56 (1): 9-27.

Challis L. Joint approaches to social policy: rationality and practice [M]. Cambridge University Press, 1988.

Chun Y H, Rainey H G. Goal ambiguity in organizational performance in U. S. federal agencies [J]. Journal of public administration research & theory, 2005a, 15 (4): 529-557.

Chun Y H, Rainey H G. Goal ambiguity in US federal agencies [J]. Journal of public administration research and theory, 2005b, 15 (1): 1-30.

Collier U. Energy and environment in the European Union. Avebury, Aldershot, 1994.

Comfort L K. Evaluation as an instrument for educational change [J]. Why policies succeed or fail, 1980: 35-57.

Davis K C. Discretionary justice [M]. Baton Rouge: Louisiana State University Press, 1969.

de Bruijn J A, Hufen H A M. The traditional approach to policy instruments [M]. in Peters B G, Nispen F K M V. (eds.) Public policy instruments: evaluating the tools of public administration. New York: Edward Elgar, 1998.

DeLeon P, DeLeon L. What ever happened to policy implementation? an alternative approach [J]. Journal of public administration research and theory, 2002, 12 (4): 467-492.

Dentoni D, Bitzer V, Pascucci S. Cross-sector partnerships and the co-creation of dynamic capabilities for stakeholder orientation [J]. Journal of business ethics, 2016, 135: 35-53.

Donaldson, L. The contingency theory of organizations [M]. Thousand Oaks, CA: Sage, 2001.

Donnison D V. Against discretion [J]. New society, 15 September, 1977: 534-536.

Dror Y. Muddling through: "science" or inertia? [J]. Public administration review, 1964: 153-157.

Dror Y. Public policymaking re-examined [M]. San Francisco, Cal. :

Chandler, 1968.

Dror Y. Policymaking under adversity [M]. New Brunswick, NJ: Transaction Books, 1986.

Dunn W N. Public policy analysis [M]. Routledge, 2015.

Dunsire A. Implementation in a bureaucracy [M]. Oxford: Martin Robertson, 1978a.

Dunsire A. Control in a bureaucracy [M]. Oxford: Martin Robertson, 1978b.

Durrheim D N, Williams H A, Barnes K, et al. Beyond evidence: a retrospective study of factors influencing a malaria treatment policy change in two South African provinces [J]. Critical public health, 2003, 13 (4): 309-330.

Dworkin R. Taking rights seriously [M]. A&C Black, 2013.

Easton D. The political system [M]. New York: Knopf, 1953.

EEA. Europe's environment: a second assessment, European Environment Agency, Copenhagen, 1998.

Egeberg M, Trondal J. Why strong coordination at one level of government is incompatible with strong coordination across levels (and how to live with it): the case of the European Union [J]. Public administration, 2016, 94 (3): 579-592.

Elmore R E. Organizational models of social program implementation [J]. Public policy, 1978, 26 (2): 185-228.

Emerson K, Nabatchi T, Balogh S. An integrative framework for col-

laborative governance [J]. Journal of public administration re-
search and theory, 2012, 22 (1): 1-29.

Entman R M. Framing: toward clarification of a fractured paradigm [J].
Journal of communication, 1993, 43 (4): 51-58.

Etzioni A. A comparative analysis of complex organizations: on power,
involvement and their correlates [M]. New York: Free Press,
1961.

Farmer D J. The language of public administration: bureaucracy, mo-
dernity and post-modernity [M]. Tuscaloosa, Ala. : University
of Alabama Press, 1995.

Feiock R C. The institutional collective action framework [J]. Policy
studies journal, 2013, 41 (3): 397-425.

Feiock R C, Scholz J T. Self-organizing governance of institutional col-
lective action dilemmas: an overview [J]. Self-organizing federal-
ism: collaborative mechanisms to mitigate institutional collective
action dilemmas, 2010: 3-32.

Fellegi I. Strengthening our policy capacity [R]. Report of the deputy
minister's task force, 1996.

Fischer F, Miller G J. (eds.) . Handbook of public policy analysis:
theory, politics, and methods [M]. Routledge, 2017.

Fowler L. Problems, politics, and policy streams in policy implemen-
tation [J]. Governance, 2019, 32 (3): 403-420.

Fox A. Beyond contract: work, power and trust relations [M]. London:

Faber, 1974.

Galligan D J. Discretionary powers [M]. Oxford: Clarendon Press, 1986.

Gieve J, Provost C. Ideas and coordination in policymaking: the financial crisis of 2007 - 2009 [J]. Governance, 2012, 25 (1): 61-77.

Goggin M L, Bowman A, Lester J, O'Toole L. Implementation theory and practice: toward a third generation [M]. New York: Herper Collins, 1990.

Gormley Jr W T. Policy, politics, and public utility regulation [J]. American journal of political science, 1983: 86-105.

Gouldner A W. Patterns of industrial bureaucracy [M]. Glencoe, Ill.: Free Press, 1954.

Gregory R. Accountability in modern government [J]. The sage handbook of public administration, 2012, 2 (1): 681-697.

Gridle M S S, Thomas J W. Public choice and policy reform: the political economy of reform in developing countries [M]. Baltimore, MD: Johns Hopkins University Press, 1991.

Gunningham N, Sinclair D. Leaders and laggards: next-generation environmental regulation [M]. Routledge, 2017.

Hambrick Jr R S, Rog D J. The pursuit of coordination: the organizational dimension in the response to homelessness [J]. Policy studies journal, 2000, 28 (2): 353-364.

Hargrove E C. The missing link [M]. Washington, DC: The Urban Institute, 1975.

Heclo H. Modern social politics in britain and sweden: from relief to income maintenance [M]. New Haven: Yale University Press, 1974.

Herweg N, Zahariadis N, Zohlnhöfer R. The multiple streams framework: foundations, refinements, and empirical applications [M]. Theories of the policy process. Routledge, 2023: 29-64.

Hill M, Hupe P. Implementing public policy (3rd ed.) [M]. Thousand Oaks, CA: Sage, 2014.

Hill M, Hupe P. Implementing public policy: an introduction to the study of operational governance [M]. Sage, 2021.

Hill M, Hupe P. Implementing public policy: governance in theory and in practice [M]. Sage, 2002.

Hill M J. The exercise of discretion in the national assistance board [J]. Public administration, 1969, 47 (1): 75-90.

Hill M, Varone F. The public policy process [M]. Routledge, 2021.

Himmelman A T. Collaboration for a change: definitions, decision-making models, roles, and collaboration process guide [J]. Minneapolis: Himmelman Consulting, 2002.

Hjern B, Porter D O. Implementation structures: a new unit of administrative analysis [J]. Organization studies, 1981, 2 (3): 211-227.

Hoebink P R J. From "particularity" to "globality": European development cooperation in a changing world [J]. 2005.

Hoggett P. New modes of control in the public service [J]. Public administration, 1996, 74 (1): 9-32.

Honig M. Complexity and policy implementation [J]. New directions in education policy implementation: confronting complexity, 2006, 63: 1-25.

Hornung J, Bandelow N C, Vogeler C S. Social identities in the policy process [J]. Policy sciences, 2019, 52 (2): 211-231.

Howlett M. Beyond good and evil in policy implementation: instrument mixes, implementation styles, and second generation theories of policy instrument choice [J]. Policy and society, 2004, 23 (2): 1-17.

Howlett M, Cashore B. The dependent variable problem in the study of policy change: understanding policy change as a methodological problem [J]. Journal of comparative policy analysis, 2009, 11 (1): 33-46.

Howlett M. From the "old" to the "new" policy design: design thinking beyond markets and collaborative governance [J]. Policy sciences, 2014, 47: 187-207.

Howlett M. Governance modes, policy regimes and operational plans: a multi-level nested model of policy instrument choice and policy design [J]. Policy sciences, 2009, 42: 73-89.

Howlett M, McConnell A, Perl A. Streams and stages: reconciling kingdon and policy process theory [J]. European journal of political research, 2015, 54 (3): 419-434.

Hudson B, Hardy B, Henwood M, et al. In pursuit of inter-agency collaboration in the public sector: what is the contribution of theory and research? [J]. Public management an international journal of research and theory, 1999, 1 (2): 235-260.

Hupe P L. The thesis of incongruent implementation: revisiting pressman and wildavsky [J]. Public policy and administration, 2011, 26 (1): 63-80.

Huxham C. Pursuing collaborative advantage [J]. Journal of the operational research society, 1993, 44 (6): 599-611.

Imperial M T. Using collaboration as a governance strategy: lessons from six watershed management programs [J]. Administration & society, 2005, 37 (3): 281-320.

Ingram H, Schneider A. Improving implementation through framing smarter statutes [J]. Journal of public policy, 1990, 10 (1): 67-88.

Jacquot S. The paradox of gender mainstreaming: unanticipated effects of new modes of governance in the gender equality domain [J]. West European politics, 2010, 33 (1): 118-135.

Jennings Jr E T. Building bridges in the intergovernmental arena: coordinating employment and training programs in the American states

［J］. Public administration review, 1994: 52-60.

Jennings Jr E T, Ewalt J A G. Interorganizational coordination, administrative consolidation, and policy performance ［J］. Publicadministration review, 1998: 417-428.

Jennings Jr E T, Krane D. Coordination and welfare reform: the quest for the philosopher's stone ［J］. Public administration review, 1994: 341-348.

John P. Analysingpublic policy ［M］. London: Pinter, 1998.

Jones N, Thomas P, Rudd L. Collaborating for mental health services in Wales: a process evaluation ［J］. Public administration, 2004, 82 (1): 109-121.

Jowell J L. The legal control of administrative discretion ［J］. Public law, 1973: 178-220.

Kaufman H. The forest ranger: a study in administrative behavior ［M］. Baltimore: Johns Hopkins Press, 1960.

Kearns K P. Accountability in a seamless economy ［M］. in Peters B G, Pierre J. (eds.) Handbook of public administration. London: Sage, 2003.

Kern F, Howlett M. Implementing transition management as policy reforms: a case study of the Dutch energy sector ［J］. Policy sciences, 2009, 42: 391-408.

Khan A R, Khandaker S. A critical insight into policy implementation and implementation performance ［J］. Viesoji politika ir administravimas, 2016, 15 (4) .

Khan A R. Policy implementation: some aspects and issues [J]. Journal of community positive practices, 2016 (3): 3-12.

Kickert W. Steering at a distance: a new paradigm of public governance in Dutch higher education [J]. Governance, 1995, 8 (1): 135-157.

Kingdon J W. Agendas, alternatives and public policies [M]. Ann Arbor: University of Michigan, 1984.

Knill C, Schulze K, Tosun J. Regulatory policy outputs and impacts: exploring a complex relationship [J]. Regulation & governance, 2012, 6 (4): 427-444.

Knill C, Steinbacher C, Steinebach Y. Balancing trade-offs between policy responsiveness and effectiveness: the impact of vertical policy-process integration on policy accumulation [J]. Publicadministration review, 2021, 81 (1): 157-160.

Lafferty W, Hovden E. Environmental policy integration: towards an analytical framework [J]. Environmental politics, 2003, 12 (3): 1-22.

Lasswell H D. The emerging conception of the policy sciences [J]. Policy sciences, 1970, 1 (1): 3-14.

Lasswell H D. The policy orientation [M]. in Lerner D, Lasswell H D. (eds.) The policy sciences. Stanford, Cal.: Stanford University Press, 1951.

Lasswell H D. The policy sciences ［M］. in Encyclopedia of the social sciences, vol. 12. New York: Macmillan, 1968.

Lester J P, Goggin M L. Back to the future: the rediscovery of implementation studies ［J］. Policy currents, 1998, 8 (3): 1-9.

Lindblom C E. The policy-making ［M］. Hoboken: Prentice-Hall, 1968.

Lindblom C E, Woodhouse E J. The policy-making process (Third edition) ［M］. New Jersey: Prentice Hall Inc, 1993.

Linder S H, Peters B G. A design perspective on policy implementation: the fallacies of misplaced prescription ［J］. Review of policy research, 1987, 6 (3): 459-475.

Linder S H, Peters B G. Instruments of government: perceptions and contexts ［J］. Journal of public policy, 1989, 9 (1): 35-58.

Linder S H, Peters B G. The design of instruments for public policy ［M］. in Nagel S S. (ED.) Policy theory and policy evaluation: concepts, knowledge, causes, and norms. New York: Greenwood Press, 1990.

Lipsky M. Street-level bureaucracy ［M］. New York: Russell Sage, 1980.

Love A J. Beyond the black box: strengthening performance measurement through implementation evaluation. Presentation to the Canadian evaluation society national capital chapter, November 26, 2003.

Love A J. Chapter 3: implementation evaluation [M]. in Wholey J S, Hatry H P, Newcomer K E. Handbook of practical program evaluation (2nd Edition). San Francisco, CA: Jossey-Bass, Inc, 2004.

Lucas Jr R E. Econometric policy evaluation: a critique [C]. Carnegie-Rochester conference series on public policy. North-Holland, 1976, 1: 19-46.

Mabbett D. The development of rights-based social policy in the European Union: the example of disability rights [J]. JCMS: Journal of common market studies, 2005, 43 (1): 97-120.

Majone G, Wildavsky A. Implementation as evolution [M]. in Pressman J, Wildavsky A. (eds.) Implementation, Berkeley: University of California Press, 1979.

Mandell M. Managing interdependencies through program structures: a revised paradigm [J]. American review of public administration, 1994, 24 (1), 99-121.

Maor M, Howlett M. Measuring policy instrument interactions in policy mixes: surveying the conceptual and methodological landscape [M]. The Routledge handbook of policy tools. Routledge, 2022.

Matland R E. Synthesizing the implementation literature: the ambiguity-conflict model of policy implementation [J]. Journal of public administration research and theory, 1995, 5 (2): 145-174.

Mavrot C, Hadorn S. When politicians do not care for the policy:

street-level compliance in cross-agency contexts [J]. Public policy and administration, 2023, 38 (3): 267-286.

May P J, Jochim A E. Policy regime perspectives: policies, politics, and governing [J]. Policy studies journal, 2013, 41 (3): 426-452.

May P J, Winter S C. Politicians, managers, and street-level bureaucrats: influences on policy implementation [J]. Journal of public administration research and theory, 2009, 19 (3): 453-476.

May P. Policy design and implementation [M]. in Peters G, Pierre J. (eds.) Handbook of public administration, Thousand Oaks: Sage, 2012.

Mazmanian D A, Sabatier P A. Implementation and public policy [M]. Glenview, Ill.: Scott, Foresman, 1983.

Mazmanian D A, Sabatier P A. Implementation and public policy [M]. Lanham: University Press of America, 1989.

McConnell A. What is policy failure? a primer to help navigate the maze [J]. Public policy and administration, 2015, 30 (3-4): 221-242.

McCool D C. The theoretical foundations of policy studies [M]. in McCool D C. Public policy theories, models and concepts: an anthology. Englewood Cliffs, NJ: Prentice Hall, 1995.

McLaughlin M W. Learning from experience: lessons from policy implementation [J]. Educational evaluation and policy analysis,

1987, 9 (2): 171-178.

McNamara M. Starting to untangle the web of cooperation, coordina-
tion, and collaboration: a framework for public managers [J].
Internationaljournal of public administration, 2012, 35 (6):
389-401.

McNamara M W. Exploring interactions during multiorganizational poli-
cy implementation: a case study of the Virginia coastal zone manage-
ment program. Dissertations and thesis full text, 2008, 69 (11).
(UMI No. 3338107).

Meier K, Boyte J. Politics and the bureaucracy [M]. Belmont: Wad-
sworth Publisher, 2007.

Meier K J, O'Toole Jr L J. Political control versus bureaucratic values:
reframing the debate [J]. Public administration review, 2006,
66 (2): 177-192.

Merton R K. Social theory and social structure [M]. Glencoe, Ill.:
Free Press, 1957.

Metcalfe J S. Competition, fisher's principle and increasing returns in
the selection process [J]. Journal of evolutionary economics,
1994, 4 (1): 327-346.

Meter D S V, & Horn C E V. The policy implementation process: a
conceptual framework [J]. Administration and society, 1975, 6
(1): 445-488.

Meyers D C, Durlak J A, Wandersman A. The quality implementation framework: a synthesis of critical steps in the implementation process [J]. American journal of community psychology, 2012, 50 (1): 462-480.

Michel C L, Meza O D, Cejudo G M. Interacting institutional logics in policy implementation [J]. Governance, 2022, 35 (2): 403-420.

Minogue M. Governance-based analysis of regulation [J]. Annals of public and cooperative economics, 2002, 73 (4): 649-666.

Moe T M. The new economics of organization [J]. American journal of political science, 1984: 739-777.

Moulton S, Sandfort J R. The strategic action field framework for policy implementation research [J]. Policy studies journal, 2017, 45 (1): 144-169.

Mthethwa R M. Critical dimensions for policy implementation [J]. African journal of public affairs, 2012, 5 (2): 36-47.

Najam A. Learning from the literature on policy implementation: a synthesis perspective [J]. 1995.

Nakamura R T, Smallwood F. The politics of policy implementation [M]. New York: St. Martin's Press, 1980.

Nilsson M, Weitz N. Governing trade-offs and building coherence in policy-making for the 2030 agenda [J]. Politics and governance, 2019, 7 (4): 254-263.

OECD. Building policy coherence: tools and tensions. Public management occasional papers. No. 12. Organization for Economic Cooperation and Development, Paris, 1996.

Osborne D, Gaebler T. Reinventing government [M]. Reading, Mass: Addison Wesley, 1992.

Ospina S, Yaroni A. Understanding cooperative behavior in labor management cooperation: a theory-building exercise [J]. Public administration review, 2003, 63 (4): 455-471.

O'Toole Jr L J, Montjoy R S. Interorganizational policy implementation: a theoretical perspective [J]. Public administration review, 1984: 491-503.

O'Toole Jr L J. Networks and networking: the public administrative agendas [J]. Public administration review, 2015, 75 (3): 361-371.

O'Toole Jr L J. Research on policy implementation: assessment and prospects [J]. Journal of public administration research and theory, 2000, 10 (2): 263-288.

O'Toole Jr L J. The theory-practice issue in policy implementation research [J]. Public administration, 2004, 82 (2): 309-329.

O'Toole L J. Interorganizational relations in implemetation [M]. Handbook of public administration. Sage, 2003.

O'Toole L J. Policy recommendations for multi-actor implementation: an assessment of the field [J]. Journal of public policy, 1986, 6 (2): 181-210.

Painter M, Pierre J. Challenges to state policy capacity: global trends and comparative perspectives [M]. New York: Palgrave Macmillan, 2005a.

Painter M, Pierre J. Unpacking policy capacity: issues and themes [M]. in Painter M, Pierre J. (eds.) Challenges to state policy capacity. New York: Palgrave Macmillan, 2005b.

Pandey S K, Rainey H G. Public managers' perceptions of organizational goal ambiguity: analyzing alternative models [J]. Internationalpublic management journal, 2006, 9 (2): 85-112.

Pandey S K, Wright B E. Connecting the dots in public management: political environment, organizational goal ambiguity, and the public manager's role ambiguity [J]. Journal of public administration research and theory, 2006, 16 (4): 511-532.

Parsons W. Not just steering but weaving: relevant knowledge and the craft of building policy capacity and coherence [J]. Australian journal of public administration, 2004, 63 (1): 43-57.

Parsons W. Public policy [M]. Aldershot: Edward Elgar, 1995.

Peters B G. Policy capacity in public administration [J]. Policy and society, 2015, 34 (3-4): 219-228.

Pollitt C. The essential public manager [M]. Maidenhead: Open University Press, 2003.

Pressman J L, Wildavsky A B. Implementation: how great expectations in Washington are dashed in Oakland [M]. University of

California: Berkeley, LA, USA, 1973.

Pressman J L, Wildavsky A B. Implementation: how great expecta-
tions in Washington are dashed in Oakland or why it's amazing that
federal programs work at all [M]. 3rd ed. Berkeley: University of
California Press, 1984.

Prottas J. People-processing: the street-level bureaucrat in public serv-
ice bureaucracies [M]. 1979.

Pulzl H, Treib O. Implementing public policy [M]. in Ficher F, et al.
(eds.) Handbook of public policy analysis: theory, politics and
methods. Boca Raton, NW: Taylor & Francis Group, 2007.

Raymond L. Cooperation without trust: overcoming collective action
barriers to endangered species protection [J]. Policy studies jour-
nal, 2006, 34 (1): 37-57.

Roe E. Narrative policy analysis: theory and practice [M]. Duke Uni-
versity Press, 1994.

Rossi P H, Lipsey M W, Freeman H E. Evaluation: a systematic ap-
proach [M]. Sage Publications, 2003.

Sabatier P A, Weible C M. (eds.) . Theories of the policy process
[M]. Westview Press, 2014.

Sabatier P, Mazmanian D. The implementation of public policy: a
framework of analysis [J]. Policy studies journal, 1980, 8 (4):
538-560.

Schlossberg M. Coordination as a strategy for serving the transportation disadvantaged: a comparative framework of local and state roles [J]. Public works management & policy, 2004, 9 (2): 132-144.

Schneider A, Ingram H. Policy design: elements, premises and strategies [M]. in Nagel S S. (ed.) Policy theory and policy evaluation. Westport: Greenwood, 1990.

Schneider A, Ingram H. Systematically pinching ideas: a comparative approach to policy design [J]. Journal of public policy, 1988, 8 (1): 61-80.

Selznick P. TVA and the grass roots [M]. Berkeley: University of California Press, 1949.

Shawoo Z, Maltais A, Dzebo A, et al. Political drivers of policy coherence for sustainable development: an analytical framework [J]. Environmental policy and governance, 2023, 33 (4): 339-350.

Sianes A. Shedding light on policy coherence for development: a conceptual framework [J]. Journal of international development, 2017, 29 (1): 134-146.

Signé L. Policy implementation—a synthesis of the study of policy implementation and the causes of policy failure [J]. OCP Policy Center, 2017: 9-26.

Simon C A. Public policy: preferences and outcomes [M]. (2nd Edition). New York: Pearson Educations, 2010.

Simon H A. Administrative behaviour [M]. (2nd Edition). New

York: Macmillan, 1957.

Simon H A. Models of man [M]. New York: Wiley, 1957.

Sinclair D. Self-regulation versus command and control? beyond false dichotomies [J]. Law & policy, 1997, 19 (4): 529-559.

Smith K B, Larimer C W. The public policy primer [M]. Boulder: Westview Press, 2009.

Smith T B. The policy implementation process [J]. Policy sciences, 1973, 4 (2): 197-209.

Sowa J E, Selden S C. Administrative discretion and active representation: an expansion of the theory of representative bureaucracy [J]. Public administration review, 2003, 63 (6): 700-710.

Spillane J P, Reiser B J, Reimer T. Policy implementation and cognition: reframing and refocusing implementation research [J]. Review of educational research, 2002, 72 (3): 387-431.

Stazyk E C, Goerdel H T. The benefits of bureaucracy: public managers' perceptions of political support, goal ambiguity, and organizational effectiveness [J]. Journal of public administration research and theory, 2011, 21 (4): 645-672.

Stewart J J, Hedge D M, Lester J P. Public policy: an evolutionary approach [M]. (3rd ed.) Boston: Thomsom Wordsworth, 2008.

Stone C. Regime politics: governing Atlanta, 1946-1988 [M]. Lawrence: University Press of Kansas, 1989.

Stone D A. Causal stories and the formation of policy agendas [J]. Political science quarterly, 1989, 104 (2): 281-300.

Thatcher C. A study of an interorganizational arrangement among three regional campuses of a large land-grant university [M]. University of Hartford, 2007.

Thomas C W. Public management as interagency cooperation: testing epistemic community theory at the domestic level [J]. Journal of public administration research and theory, 1997, 7 (2): 221-246.

Thomas J W, Grindle M S. Political leadership and policy characteristics in population policy reform [J]. Population and development review, 1994, 20: 51-70.

Thomson A M, Perry J L. Collaboration processes: inside the black box [J]. Public administration review, 2006, 66: 20-32.

Tosun J, Lang A. Policy integration: mapping the different concepts [J]. Policy studies, 2017, 38 (6): 553-570.

Trein P, Fischer M, Maggetti M, et al. Empirical research on policy integration: a review and new directions [J]. Policy sciences, 2023, 56 (1): 29-48.

Trencher G, Van der Heijden J. Instrument interactions and relationships in policy mixes: achieving complementarity in building energy efficiency policies in New York, Sydney and Tokyo [J]. Energy research & social science, 2019, 54: 34-45.

Trostle J, Bronfman M, Langer A. How do researchers influence decision-makers? case studies of Mexican policies [J]. Health policy and planning, 1999, 14 (2): 103-114.

Van Meter D S, Van Horn C E. The policy implementation process: a conceptual framework [J]. Administration & society, 1975, 6 (4): 445-488.

Van Nispen F K M, Ringeling A B. On instruments and instrumentality: a critical assessment [J]. Public policy instruments: evaluating the tools of public administration, 1998: 204-217.

Visseren-Hamakers I J. Integrative environmental governance: enhancing governance in the era of synergies [J]. Current opinion in environmental sustainability, 2015, 14: 136-143.

Volcker P A. Vision without execution is hallucination [J]. Public administration review, 2014: 439-441.

Wacker J G. A definition of theory: research guidelines for different theory-building research methods in operations management [J]. Journal of operations management, 1998, 16 (4): 361-385.

Wade H W R. Administration law [M]. (5th ed.). Oxford: Oxford University Press, 1982.

Wallace H, Pollack M A, Roederer-Rynning C, Young A R. Policy-making in the European Union [M]. Oxford University Press, USA, 2020.

Walt G, Gilson L. Reforming the health sector: the central role of policy analysis [J]. Health policy and planning, 1994, 9 (4): 353-370.

Weaver K. But will it work? [J]. Issues in government studies, 2010, 32: 1-17.

Weber M. The theory of social and economic organization [M]. trans. Henderson A M, Parsons T. Glencoe, Ill.: Free Press, 1947.

Weick K E. The social psychology of organizing [M]. (Second Edition). McGraw-Hill, 1979.

Weimer D, Vining A. Policy analysis: concepts and practice [M]. Routledge, 2017.

Weimer D, Vining A. Policy analysis [M]. Boston, Longman, 2011.

Wildavsky A. Speaking truth to power: art and craft of policy analysis [M]. Routledge, 2017.

Winter S, Nielsen V. Implementering af politik, Aarhus: Academica, 2008.

Wood B D, Waterman R W. The dynamics of political control of the bureaucracy [J]. American political science review, 1991, 85 (3): 801-828.

Wu X, Ramesh M, Howlett M. Policy capacity: a conceptual framework for understanding policy competences and capabilities [J]. Policy and society, 2015, 34 (3-4): 165-171.

Wu X, Ramesh M, Howlett M. Policy capacity: conceptual framework and essential components [J]. Policy capacity and governance: assessing governmental competences and capabilities in theory and practice, 2018: 1-25.

Yanow D. Practices of policy interpretation [J]. Policy sciences, 1995, 28 (2): 111-126.

Zahariadis N. Ambiguity and multiple streams [M]. in Sabatier P A, Weible C M. (eds.) Theories of the policy process (3rd ed.). Boulder, CO: Westview Press, 2014.

Zahariadis N, Exadaktylos T. Policies that succeed and programs that fail: ambiguity, conflict, and crisis in Greek higher education [J]. Policy studies journal, 2016, 44 (1): 59-82.

Zhang Y, Lee R, Yang K. Knowledge and skills for policy making: stories from local public managers in Florida [J]. Journal of public affairs education, 2012, 18 (1): 183-208.

图书在版编目（CIP）数据

政策执行 / 陈志光，刘征，李兵著 . --北京：社
会科学文献出版社，2024.11. --（中共北京市委党校（
北京行政学院）学术文库系列丛书）. --ISBN 978-7
-5228-4375-9

Ⅰ. D601

中国国家版本馆 CIP 数据核字第 20240ZX562 号

中共北京市委党校（北京行政学院）学术文库系列丛书
政策执行

著　　者／陈志光　刘　征　李　兵

出 版 人／冀祥德
组稿编辑／恽　薇
责任编辑／冯咏梅
文稿编辑／郭锡超
责任印制／王京美

出　　版／社会科学文献出版社·经济与管理分社（010）59367226
　　　　　地址：北京市北三环中路甲 29 号院华龙大厦　邮编：100029
　　　　　网址：www.ssap.com.cn
发　　行／社会科学文献出版社（010）59367028
印　　装／三河市东方印刷有限公司

规　　格／开　本：787mm×1092mm　1/16
　　　　　印　张：14.75　字　数：156 千字
版　　次／2024 年 11 月第 1 版　2024 年 11 月第 1 次印刷
书　　号／ISBN 978-7-5228-4375-9
定　　价／98.00 元

读者服务电话：4008918866